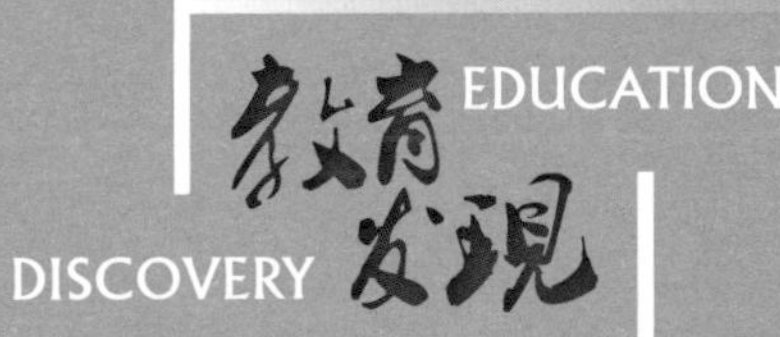

做新教师，从教育发现开始

EDUCATION DISCOVERY

教育发現

KETANG TUWEI
YISUO NONGCUN ZHONGXUE
DE KEGAI TANSUO

课堂突围

一所农村中学的课改探索

刘凤军 著

山東文藝出版社

序一

教育，一个多么神圣的词语，一个多么给人温馨和幸福感觉的词语，一个多么令人向往的词语。然而，试问当下的教育还依然神圣吗？还依然能够给人温馨和幸福吗？还能够引人无限向往吗？读不完的教辅资料，做不完的家庭作业，上不完的补习班，以牺牲学生的身心健康为代价的传统教育方式，越来越让学生生厌。所谓的“春蚕到死丝方尽，蜡炬成灰泪始干”，老师在成就学生的同时为什么要耗尽自己？这无数的事实都在说明，今天的基础教育已经严重异化。

在我们的很多校长、家长盲目追求学生升学率、考试分数背后，是被扼杀的原本应倍加呵护、天真烂漫、丰富多彩的生命。毋庸讳言，我们今天的基础教育，走得太急功近利，以至于迷失了教育的方向。传统教育的方式束缚了儿童的思想，教师个人的思想扼杀了孩子的想象，僵化的标准答案限定了学生的创造，教师独裁的权威磨灭了学生的自信。在传统课堂上，教师非要把个人的思想“强加”给学生，不管他们愿不愿意接受，不管他们会不会接受，也不管他们能不能接受。这是一种“惨无人道”的给予，这是一种“强人所难”的灌输，这是对生命的一种践踏，这是对成长的一种摧残，所以有些孩子从幼儿园就开始厌学。试问，我们的教育是为了孩子们的终身发展服务吗？一些专家提出，孩子厌学都是老师的错。在这里我也要说，孩子厌学每一个教育人都有着不可推卸的责任。给孩子们自由吧！真正的教育应该是尊重生命的教育，是关注孩子成长的教育，是放飞心灵的教育，是为追求幸福而服务的教育。好教育不是由班额大小、设备优劣和环境好坏所决定，教育视野和教育行为，也就是教育者对生命的理解与尊重才是创造好教育的关键。好的教育应该是在《国家中长期教育改革和发展规划纲要》的指导下，理解、信任、尊重、欣赏、宽容、激励孩子们的教育，是孩子们在自主、合作、探究的学习过程中不断地发现自我、发展自我、成就自我的教育。

自从进入到新课程改革阶段以来，可以说很多学校在探索课程改革的道路上都取得了丰硕的成果，但是面对当下教育存在的困惑、面对孩子们的终身发展，我们的改革探索远远不够。在课程改革的进一步深化上，有的校长思想迟钝，有的校长对课改的重要意义理解不到位。单就我们一直提倡的素质教育来讲，就存在着很大的偏差，有的人认为，教学生唱唱歌、跳跳舞、弹弹琴就是素质教育，如果这就算素质教育的话，那么最可以称为素质教育的就是音乐学院、体育学院。山东省昌乐二中校长赵丰平说过，课堂的教学改革才是素质教育的牛鼻子，一切脱离课堂的所谓的教学改革都是披着课改外衣的假改革。所以，学校的课改，一定要立足课堂、研究课堂。要在课堂上唤醒学生沉睡的心灵、点燃学生的学习热情，尊重学生作为个体生命的成长规律。从孩子们的实际出发，了解孩子的个性，开发孩子的潜能，发展孩子的特长，让教育真正回到人本、学本、生本上。教育，不仅仅需要赢得分数，赢得升学率，更要赢得学生的身体、生活和精神成长，赢得生命的独立和发展。

好校长所要做的就是创造条件、提供机会，让教师尽情发挥自身特长，幸福地施教。在这方面建昌营高中努力探索着。

好教师所要做的就是提供条件、创造机会，让学生充分享受阳光雨露，快乐地成长。在这方面建昌营高中努力实践着。

好课堂应该是“知识的超市，生命的狂欢”。教育本质就是“育人”，教育要为人的终身发展负责，教育的终极目标就是使人幸福。在这方面建昌营高中努力创造着。

好学生应该是有信仰、有目标、有追求、有想象力、有创造力、有特殊技能的生命个体。在这方面建昌营高中努力培养着。

我们要勇敢地摒弃传统教学的陈规陋习，努力转变教与学的关系，要把我们传统课堂上的老师的“教”为中心，转变到学生的“学”为中心，敢于放手让学生去“学”。事实上，没有学生的学，教师的教也就无从谈起，只有学生学习了，才会在学习过程中产生困惑，只有学生有了学习的困惑，教师的教学才有针对性，这就是皮之不存毛将焉附的道理吧。

课改，是国家意志，是社会需要，是时代呼唤，是教育本质的回归，是教育人的良知选择。以生命为本，以发展为本，以成长为本，走进新课改，学习新理念，理解新课程，拓宽新思路，创造新成果，培养新人才，课改势在必行！我们不要把教育的问题归咎于体制，甚至一味地抱怨体制，因为我们每个人都是“体制”。积极转变观念，用行动改变自己；规范自己的办学行为，带头落实国家的课程方案；善待每一位教师，关爱每一名学生，维护教育公平；拒绝虚假课改，崇尚学生主体和自然成长，准许学生有自己的时间和空间，这样我们才能培养出天真活泼、积极向上的孩子，才能培养出“全面而有个性的，具有创新精神的人才”。

既然我们选择了教育，就应该做有信仰的教育。扪心自问，我们为什么做教育？做什么样的教育？怎样做教育？是否有坚定正确的教育信仰？这一切的关键是看学校领导、教师的心里装的是什么，领导、教师眼里看的是什么。如果我们的心里只是装了作为人的最原始的生活方式，在我们的心里只是装了那点权力，那么不可能做有信仰的教育。我们眼里应该时时看见学生，看到大写的“人”。在这个信仰缺失的年代，恰恰需要我们做有信仰的教育，这关乎国家和民族的未来。

近年来，我市建昌营高中在课堂教学上勇于探索、大胆改革，创造了幸福而快乐的教育，走出了适合这样草根学校发展的新思路。在课改上，我们感谢刘凤军校长为我们带了一个好头，同时也祝贺他这些关于课改文字的积累出版。在投身课改，勇于探索课改的道路上，我们应该向建昌营高中这所普通得不能再普通，平凡得不能再平凡的学校的领导、老师们学习！

面对新课改，每一个教育人都肩负着创造新学校、新教师、新课堂、新学生的重任。我们信奉“课改就是从油锅里捞孩子”，我们敢于担当教育赋予我们的伟大使命。真诚希望，我们的课改在建昌营高中这样的学校引领下，蒸蒸日上、如火如荼，再上新台阶、再创新业绩，汇集每一位领导、老师的智慧，真正打造属于我们的大教育战略品牌。同时也希望有更多的校长、老师们义无反顾投入到课程改革的洪流之中！

刘东友

2014 年 2 月 18 日

刘东友，河北省迁安市教育局局长。

序二

河北省迁安市建昌营高级中学，是一所普普通通的农村普通高中，该校招收的学生是当地重点中学招生之后剩余的学生，每年新生录取的分数不足300分，学生综合素质普遍较低。在师资方面，经过当地近些年大浪淘沙般的进城招考，教师的整体素质日趋薄弱，教师的平均年龄越来越低。面对这样的局面，该校在校长刘凤军的带领下，对办学理念、办学方向、办学目标、办学思路作出冷静的思考。他们明智地选择课堂教学改革为突破口，大胆尝试打破传统教育的课堂教学模式，寻找到了一条适合自己的课堂改革之路。

教育改革核心是课堂教学改革。所有从事过课改的人都深有体会：课改真是一件艰难的事情。有些事情难做并不可怕，就怕不去做。为了让师生也能感到教书育人、感到学习生活的幸福和快乐，义无反顾地去改革，这就是这所草根学校中校长、老师的良知和责任。该校最初的课改行动是很感性的、很朴素的，更是很执着的。

我几次到过建昌营高级中学，可以说见证了他们对课堂教学改革的探索历程，他们的课改走到今天这个地步，经历了一个由幼稚、成长，到不断成熟、不断壮大的过程。他们创建的“三模九步”教学模式，已经日臻完善，并且在当地乃至全国产生了较为广泛的影响。

在刘凤军校长的倡导下，该校明确提出“做有理想的教育”，这理想就是让每一个孩子在将来、在社会上都能书写出一个大大的“人”字，阳光自信、顶天立地。在课堂上他们注重学科思维的训练和能力的培养，追求把学习的权利充分交给学生，让学生真正成为课堂的主人。他们致力于打造生活的、生态的、生命的、智慧的、灵动的、富有创新精神的课堂，他们做的是“真”教育。

刘凤军校长多年来一直从事一线教学工作，有着深厚的教育情怀，对教育教学有着深刻的理解。可以说该校在课堂改革的探索中，每一步的迈出无不闪烁着他的智慧之光，每一次点滴的进步无不浸透着他的心血和汗水。从宏观到微观，他都亲力亲为地大胆设想，小心求证。所以，这本书从对该校课堂模式的介绍、每一个课堂细节的操作到对一些教育教学实例的理解都来源于他的教育教学生活实际。也可以说，一线的教育教学经历和感悟激发了他的课改激情，焕发了他的课改智慧。

本书的出版会给很多学校的领导老师更深的启发和思考，一所落后的农村高中能办到的事情，我们很多有着优质资源的学校更能够办得到，关键是我们是不是把教育装在心中，把每一个孩子装在心中，把我们的责任和担当装在心中。

刘校长是一位智慧勤奋、讷言敏行，善于砥砺自新的校长。真诚祝愿他能够带领他的团队继续探索学校的教育教学发展思路，把这所普普通通的农村高中越办越好！

于春祥

2014 年 2 月 22 日

于春祥，山东省特级教师，知名课改专家，出版《发现高效课堂密码》、《用脚做梦》等教育专著。

目 录

下篇 反思与借鉴

上　篇

“三模九步”教学模式

第一章

“三模九步”高效课堂教学模式概说

任何形式的教学改革都必须以课堂教学的改革为核心和落脚点，否则，改革往往成为水中月、镜中花，成为常常挂在嘴边的一个时髦的词语或者摆在床头案边的一个靓丽的花瓶。

“三模九步”教学模式，是基于校情的需要、基于学情的需要，对课堂教学改革一种朴素的、直观的理解和实践。“三模”，即课堂教学的三个模块：基础学习、能力提升、当堂检测。“九步”，即课堂教学的九个流程：①明确目标；②自研自探；③成果交流；④巩固强化；⑤自我提升；⑥展示互动；⑦矫正补充；⑧当堂检测；⑨回顾反思。

一个好的模式，会成就一所校园，幸福一方学生。通过模式的研究实践培养出具有创新意识、合作精神、富有个性的新学生。通过模式的实践研究让年轻教师们上课有章可循，有法可依，使每一位教师真正成为学生学习过程中的参与者、合作者、引导者，从而打造出一批具有强烈的课改意识，具有新思想、新方法、新视野的新教师。

“三模九步”高效课堂教学模式概说

河北省迁安市建昌营高级中学建校于1956年，作为一所普通的农村高中，近年来依靠办学特色和教育教学成绩跃居河北省示范性高中行列。2009 年河北省全面实行新课改，学校凭借先进的教育教学理念，锐意改革、勇于探索的精神成为河北省的新课改样本校。

学校秉承“让每一个学生学有所长”的办学理念，实事求是，立足学校现有的教育基础和水平，大胆探索适合学校发展的草根教育模式，精心打造农村普通高中教育的亮点。

课堂是教育教学的主阵地，是学生生命成长的原野，是学生学习的场所。课堂革命的出发点和最终目标在于改变学生的学习状态，实现学习效果的最大化，让学生学会、会学、想学、乐学，在课堂上享受到生命自由奔放、和谐成长的快乐。

在新课程改革理念的指引下，我们的课堂教学改革，追求建立新型的师生关系，转变教与学的关系，让每一个孩子都能成为课堂的主人，让学生在特定的情境中进行实践体验，使他们在学习中感悟道理，体验情感，回顾反思，生成智慧。让教师真正成为学生自主学习的参与者、组织者、合作者和引导者，运用自己的智慧创造力，挖掘蕴涵其中的无限生机和活力，用激情点燃激情，用智慧启迪智慧，用生命唤醒生命，把课堂营造成生动活泼、师生共同发展的学习乐园。

“三模九步”课堂教学模式是根据新课改理念，借鉴全国课改先进校的经验，结合具体学情探索出来的具有明显校本特色的一种教学模式。

“三模”

“三模”就是依据高效课堂的理念把整个课堂（60分钟）划分为基础学习、能力提升、当堂检测三个模块，课堂上安排学生的独学、对学和群学过程，教师创造机会提供给学生充分的时间和空间，让他们全员参与课堂、积极互动展示、充分体验感悟、愉悦享受成功。

1. 基础学习

“基础学习”是“三模九步”课堂教学模式三个模块中的第一个模块。“万丈高楼平地起”，基础的学习至关重要。针对学生实际情况，此模块本着夯实基础的原则编排，避免好高骛远、舍本逐末的做法，回避难题怪题，切实做到让我们的学生有所得。“基础学习”主要是采用独学、对学的方式对教材新知识要点进行提炼、简单运用，使学生对本节学习内容有个大致了解和认识，目的是抓住本节教学中最基础、最本质的东西，为下一模块的知识拓展或提升奠定基础。

在此模块的具体操作中，不是给定现成的题目，而是重在学习方法的指导和目标的达成，导学案中大面积的留白，留给学生思维的空间、想象和创造的空间。可以让学生用知识树、思维导图、图表等各种各样的形式在限定的时间内完成对文本材料的独学、对学和群学。只要学生能够展开想象的翅膀，打开思维的闸门，能够把知识内化为智慧，就要给他们搭建一个足够大的舞台。思维的深化、灵活的应用，大大提高了学生学习的积极性，提高了学习的效果，开创了课堂教学的新局面。

本模块的操作时间15分钟左右。

2. 能力提升

“能力提升”是“三模九步”课堂教学模式中的第二个模块。此模块设置的目的是对前面基础知识的进一步深化应用，展示学生的学习成果，暴露学习过程中存在的困惑，促进新的知识生成，拓宽学生的思维，培养学生的创新意识和创造精神，使学生在“最近发展区域”得到良好的发展。此模块是“三模九步”教学模式的重点和精华所在。“能力提升”是通过学生独学、对学、群学，对前面基础知识进一步深化应用。在整个学习过程中有教师在旁监督，这样就使教师在编制导学案、首次备课结束后，实现了学情验证和二次备课。这一过程不仅提高了学生的知识高度，也在逐步地积累中，提升了教师的专业化水平。

以能力培养为核心的“三模九步”课堂，体现了对孩子们的尊重、理解、信任、利用、宽容、欣赏和解放。在课堂上，尊重每一位学生的劳动成果；理解孩子、充分考虑到孩子们个体间存在的知识、能力、学习习惯上的差异；相信每一个孩子都有能力完成每一个学习环节；让孩子们通过独学、对学、群学自我要求、自我提升、自我检测、自我反思回顾；宽容孩子们在学习过程中出现的各种幼稚和错误；欣赏孩子们在学习过程中闪现的一切的正确和精彩。我们的课堂就是彻底抛弃传统课堂上老师时刻掌控的那只大手，把学习的权利最大程度的还给学生。

教师在编制导学案时要避免由基础学习到能力提升的过渡突然和由此导致学生的不适应，应该过渡自然，顺理成章，水到渠成。要明确题目始终是能力考查的载体，要以训练学生思维、增强学生探究合作意识、培养学生创新能力、提升学生综合素质为最终目的，不要在能力提升部分只是简单罗列一两道难度较大试题来取代学生能力提升的训练。

在学生独学、对学、群学过程中教师要深入小组内部，充分调研、了解学情、进行课上的二次备课，要杜绝对学、群学的形式化，确保学生之间交流讨论的实际效果。课上充分展示学生的思维，以口述、板演、争辩、表演等多种形式展示，提高学生的课堂参与程度，通过学生的思维展示、质疑点评来充分暴露存在的问题，然后教师有针对性地引导学生解决问题，帮助学生答疑解惑，提高课时学习目标的达成度，提高课堂教学的针对性。

此模块完成的时间一般为 30 分钟左右。

3. 当堂检测

“当堂检测”是“三模九步”高效课堂教学模式中的第三个模块。当堂检测是在前面各个学习环节的基础上，通过一两个题目的限时检测让学生充分体会本节课所学知识的掌握程度，让老师进一步了解本节课的学习目标达成度。

当堂检测的题目要面向全体学生，为区分学生的层次差异，可以出现必做题和选做题两种题型，使不同层次的学生都能通过独立训练来检测自己的进步程度。

此模块的完成一般需要 15 分钟左右时间。

“九步”

“三模九步”教学模式的“九步”，是指课堂操作的流程，即把基础学习、能力提升、当堂检测三个模块，按照一堂课 60 分钟的时间进一步细化为九步操作流程，具体为：①明确目标；②自研自探；③成果交流；④巩固强化；⑤自我提升；⑥展示互动；⑦矫正补充；⑧当堂检测；⑨回顾反思。

1. 明确目标

“明确目标”是“三模九步”高效课堂教学模式中具体操作流程的第一步。

目标指引学生前进的方向，没有目标，学生的学习则无所适从。因此我们要求每课时的导学案都要设置适宜的学习目标，使用叙述性语言，变宏观为微观，化抽象为具体。整个导学案必须以学习目标为中心，紧扣学习目标的落实来设置学习问题和学习过程。在新课改的理念下，课堂学习目标应该包含知识与技能、过程与方法、情感态度与价值观三个维度，同时我们要求，教师在引导学生学习的过程中要对学习目标进行解读，以便让学生更好地把握本节课的努力方向。对于目标解读的方式要具体问题具体分析，目的是要学生更明白、更容易把握。

此环节一般预设时间 1 分钟。

2. 自研自探

“自研自探”是“三模九步”高效课堂教学模式中具体操作流程的第二步。

没有基础就没有提升，任何学习都不能忽视基础的作用。高效课堂教学模式，就是在遵循教学规律的基础上，去创设适合学生学习的情境。

在“三模九步”教学模式中，一般是老师根据所要学习的文本材料预先编制一组练习题目，通过完成具体的训练题目达到对本节课重点基础知识的掌握，题型包括选择题、填空题、判断题、简答题等等。学生带着这些问题去阅读文本，独学的过程就是解决老师给出的这些题目的过程。把此环节命名为“自研自探”，就是为了突出学生的主体地位，突出学生“学”的地位，所有的“研究、探索”都是要自学完成的。把学习的权利最大化地还给了学生，才能开启真正的高效课堂。在操作过程中，老师们还可以只是给出学生学习文本的学法指导，学生在学法指导的框架下自学文本材料。在这一环节中老师一般要求用知识树、思维导图、大括号等形式，让学生发现所学知识的重难点、找出知识点之间的联系，构建本课时的知识脉络。

自研自探环节尊重了学生的个体差异，每个学生的学习都是在自己理解认知的基础上的学习，每个学生的独学结果都会成为一道独特的风景。

此环节的完成一般需要 10 分钟左右。

3. 成果交流

“成果交流”是“三模九步”高效课堂教学模式中具体操作流程的第三步。

在课堂实践的探索中我们发现，展示是提升学习兴趣，检测学习成果的关键步骤，是课堂的精华所在。在展示的过程中，学生发表了学习成果、赢得了尊重、获得了掌声，学生的学习热情变得高涨，学习质量也随之提高上来。因此展示对于学生的“学”具有非常重要的意义。

为了尊重学生学习的个体差异，真正把学习的权利还给学生，充分体现学生的自主学习精神，就必须给学生创设一个更大的学习空间和思维空间，搭建一个展示自我的舞台。成果交流更能体现尊重每一个学生、每一个小组的学习，通过交流可以进一步展示自己与别人不同的学习结果，可以提出自己在学习中的困惑，可以使思想和思想碰撞出智慧的火花，可以激发起同学们更加高涨的学习热情，可以使课堂有更多精彩的呈现，爆发出更多的掌声，因此“交流”的意义更大。

此环节的完成一般需要 5 分钟左右。

4. 巩固强化

“巩固强化”是“三模九步”高效课堂教学模式中具体操作流程的第四步。

此环节是在学生各小组成员展示、交流、教师点拨后，针对刚刚学过的基础知识，进一步理解或强化记忆，为自主学习解决能力提升部分题目做好基础准备。可以采用对子之间互查、教师随机抽查来检测巩固强化效果。

此环节预设时间1～2分钟。

5. 自我提升

“自我提升”是“三模九步”高效课堂教学模式中具体操作流程的第五步。

任何教学，都要有实效、有突破，这是我们课堂教学永恒的追求。基础知识是很多学生通过自学便能解决的事，因此这不会让学生之间拉开差距。学生被落下，多数是在提升训练的时候没有做到位。

“自我提升”，强调此环节的操作方法是“自我”，也就是所谓的独学，因此对学、群学都不属于这一操作流程的范畴。在高效课堂的各个流程中，独学的环节很重要，它是学生真正理解、掌握本课时学习内容的重要基础，在这一环节中可以让学生的思维扎根，让学生对本课时基础知识的理解和运用扎根，让学生对自己的学习效果在内心有一个自我评判是本环节的重要任务。如果缺少了独学环节，或者独学环节做得不扎实，其他所有环节都会变得浮光掠影，难有实效。

此环节的目的是加强学生的思维训练和学习能力适度拓展，让学生在独学过程中体验分析思路、解题关键点和答题注意事项等，充分展示学生的思维、培养学生的能力。

在操作层面，教师一定要明确自主学习的时间、内容、方法及要求，编制好导学案，布置的任务一定要具体。学生自学期间，教师要在各小组间巡视，针对学习过程中出现的各种问题及时进行引导。

此环节预设时间为 10 分钟左右。

6. 互动展示

“互动展示”是“三模九步”高效课堂教学模式中具体操作流程的第六步。

“展示即发表、展示即暴露、展示即创造、展示即提升”，在高效课堂中展示互动环节往往成为一节课中最精彩的部分，是学生思维、能力、智慧的展示，是学生生命激情的体现。精彩的展示可以体现学生生命成长过程中的一种昂扬向上的状态。展示可以暴露学生学习过程中存在问题，可以挑起学生个体与个体、小组与小组之间激烈的竞争，可以激发学生的学习热情，为每一个学生的学习创造提供无限的空间。

此环节是在提升训练独学完成之后，教师合理安排学生对学、群学的组内小展示和班内的大展示活动。通过学生与学生之间、小组与小组之间、学生与教师之间的讨论、质疑、争论、辩解、分析等互动活动，形成班内全员参与，积极探究，氛围热烈的场面，把课堂教与学推向高潮，使学生享受获得知识的幸福和快乐。“三模九步”教学模式要求对同一道题目一个小组做到全员展示即可，其他小组只做补充展示，这样就避免了同一过程的重复，减少了课堂时间的浪费，提高了学习的容量和效率。

此环节预设时间为 15 分钟左右。

7. 矫正补充

“矫正补充”是“三模九步”高效课堂教学模式中具体操作流程的第

七步。

问题的提出和解决都是学习的良好过程。在“三模九步”教学模式中，答疑点拨环节是最切实的解决实际困惑，稳固、提升知识理解的环节。通过推行“三模九步”高效课堂教学模式，通过生生之间、师生之间的答疑点拨，不仅能提升学生的表达能力，更能清晰问题的掌握情况，促成了问题的提出和解决，还开发了学习的下步计划。将教师的答疑点拨穿插在各小组的互动展示过程中，通常是在一道题目的展示、点评和质疑之后，学生遇到困惑、疑难不能自己解决时，教师才出场介入，对学生出现的错误、进入的误区、存在的知识盲点等进行纠错、补充和强调，加深学生对该问题的进一步理解和掌握。

“矫正补充”，重点是对学生在学习过程中出现的不正确之处加以矫正，对学生学习不全面的地方加以补充，更加体现老师的点拨、拔高的作用。学生作为学习者，很可能会出现各种各样的问题，包括记忆的、思维的、基础的、能力的等等，这些问题的出现都需要老师运用火眼金睛去发现，运用智慧去完善，使学生得到正确的、完备的、具有灵活性的学科知识。

此环节预设时间 5 分钟。

8. 当堂检测

“当堂检测”是“三模九步”高效课堂教学模式中具体操作流程的第八步。

检测是明晰学习效果的最好手段，是制订下一步学习方案的抓手，另外也是激发孩子们长久的学习兴趣，不因掉队而厌学的良好保证。检测的目的不是为了看谁会而是发现谁不会，发现不会不是为了批评，而是为了学会。这样的追求，让学生不再害怕考试，养成一个良好的心态。

此环节通过几道典型题目检测本节课的学习效果，培养学生独立思考的能力。但是当堂检测的题量要适度，难度要适中，以 10 分钟左右的题量为宜，既面向全体，又关注差异。个别学科可以分为必做题和选做题两部分，保护学困生积极性，促进优生成长。由学生独立完成后，教师可以采用对子互换导学案，相互批阅，或者直接出示答案并进行组内研讨的形式处理，教师对存在问题较大的题目当众提示一下即可。

此环节预设时间为 10 分钟左右。

9. 回顾反思

“回顾反思”是“三模九步”高效课堂教学模式中具体操作流程的第九步。

“三模九步”教学模式的“回顾反思”，即是教师认真指导好学生整理、完善导学案中的相关内容，并填写“回顾反思”栏目，把本节课自己的疑惑点、成功感及时记录下来，作为学生弱项跟进的重要信息和教学效果的真实反馈。

此环节要求学生在课上限时完成，这既体现了学习反思的及时性，又保证了课堂结构的完成性。老师在下课前收齐学生的导学案，可以进一步根据回顾反思的内容，了解学情，为下一节课的学习做准备。

此环节预设时间为 3 分钟左右。

《中国教师报》曾经以整版篇幅报道了建昌营高级中学的课堂教学成果，在文章中评论道：“模式能够把复杂的问题简单化，把理念层面的问题流程化。课堂模式的构建有利于教师教学理念的转变，有利于课堂教学改革的推进，有利于教师的专业成长和学生学习能力的提升。基于这些对模式的理解和肯定，河北省迁安市建昌营高级中学，在面临学生基础差和教师整体专业化水平不高的困境中，不断探究教学模式，最终形成了‘三模九步’高效课堂教学模式，书写着一所农村普通高中的不可思议。”

第二章

“三模九步”高效课堂教学模式解读

在新课程改革理念的指引下，我们的课堂教学改革，追求建立新型的师生关系，转变教与学的关系，让每一个孩子都能成为课堂的主体，让学生在特定的情境中进行实践体验，使他们在学习中感悟道理，体验情感，回顾反思，生成智慧。

由“知本”向“能本”的转化，是基于学生生存的需要，是生活的需要，是社会的需要，是时代的需要，更是课堂建设发展的需要。高效课堂，是充分体现自主、合作、探究的学习方式，致力于对学生思维的训练、能力的培养和智慧的生成；是以学生的“学”为中心的具有自主性、丰富性、选择性、动静结合的课堂，为每一个鲜活的个体生命搭建最大地绽现生命激情的舞台，开拓智慧生成的最大发展空间。“三模九步”课堂以孩子们的能力培养为核心，尊重每一个个体的生命，让每一个孩子享受到学习的幸福和快乐，让每一位教师感受到教书育人的幸福和快乐，让课堂充满生命的温度，让每一个孩子激发出人生的豪迈，自信“我能”!

“三模九步”模式解读之“基础学习”

“基础学习”主要是采用独学、对学的方式对教材新知识要点进行提炼、简单运用，使学生对本节学习内容有个大致了解和认识，目的是抓住本节教学中最基础、最本质的东西，为下一模块的知识拓展或提升奠定基础。

在此模块的具体操作中，不是给定现成的题目，而是重在学习方法的指导和目标的达成，导学案中大面积的留白，留给学生思维的空间、想象和创造的空间。可以让学生用知识树、思维导图、图表等各种各样的形式在限定的时间内完成对文本材料的独学、对学和群学。只要学生能够展开想象的翅膀，打开思维的闸门，能够把知识内化为智慧，就要给他们搭建一个足够大的舞台。思维的深化、灵活的应用，大大提高了学生学习的积极性，提高了学习的效果，开创了课堂教学的新局面。

本模块的操作时间 15 分钟左右。

微解读：

1. 明确本环节设置的目的：一是要巩固、检查上节课所学的基础性知识；二是对本节所涉及的最基础、最本质的内容进行简单的理解、记忆和运用。因此在编制导学案的时候就要首先考虑到这两个目标。同时要做到内容上有轻重缓急、主次分明，两个内容不可平均用力。对基础知识的检查和应用要尽可能做到“知识问题化、问题探究化、问题层次化、问题情境化”，调动起学生的思维，让学生在对生活经验的联系挖掘中达到对知识的应用。

2. 基础学习从题型上来说应该丰富灵活，除去选择、填空、判断之外，还可以有简答、论述、写作等。从展示的方式上来说可有口头展示，还可以书面展示，丰富就会使课堂充满色彩，灵活才能彰显生命和活力。

3. 因为本环节的目标是夯实基础，为下一环节的知识拓展或能力提升做准备，本环节的训练目标能否实现决定着下一环节的课堂效果，因此，尽可能在本环节的题目处理完之后给学生适当的时间，强化学生理解、记忆。对理解记忆的效果是否需要检查则可根据课堂的实际需要，老师要灵活安排。

4. 本环节的具体操作方式可以先独学，然后对学、学生展示、老师就共性问题适当点拨，也可以先独学，学生展示，再通过对学解决彼此存在的问题。处理的方式要灵活，但不论哪种处理方法都要尽可能地让更多的学生到展示区域展示自己的学习成果、暴露学习中的困惑、呈现自己的学习思维过程。

5. 要明确评价的目的是为了激励，使课堂绽放更精彩的生命火花。评价是手段，不是目的，应该是模糊的，如果过分看重对学生分数的评价，甚而至于达到斤斤计较的地步，则会造成喧宾夺主、舍本逐末了。

“三模九步”模式解读之“能力提升”

“能力提升”是通过学生独学、对学、群学，对前面基础知识进一步深化应用。在整个学习过程中有教师在旁监督，这样就使教师在编制导学案、首次备课结束后，实现了学情验证和二次备课。这一过程不仅提高了学生的知识高度，也在逐步地积累中，提升了教师的专业化水平。

以能力培养为核心的“三模九步”课堂，体现了对孩子们的尊重、理解、信任、利用、宽容、欣赏和解放。在课堂上，尊重每一位学生的劳动成果；理解孩子、充分考虑到孩子们个体间存在的知识、能力、学习习惯上的差异；相信每一个孩子都有能力完成每一个学习环节；让孩子们通过独学、对学、群学自我要求、自我提升、自我检测、自我反思回顾；宽容孩子们在学习过程中出现的各种幼稚和错误；欣赏孩子们在学习过程中闪现的一切的正确和精彩。我们的课堂就是彻底抛弃传统课堂上老师时刻掌控那只大手，把学习的权利最大程度的还给学生。

教师在编制导学案时要避免由基础学习到能力提升的过渡突然和由此导致学生的不适应，应该过渡自然，顺理成章，水到渠成。要明确题目始终是能力考查的载体，要以训练学生思维、增强学生探究合作意识、培养学生创新能力、提升学生综合素质为最终目的，不要在能力提升部分只是简单罗列一两道难度较大试题来取代学生能力提升的训练。

在学生独学、对学、群学过程中教师要深入小组内部，充分调研、了解学情、进行课上的二次备课，要杜绝对学、群学的形式化，确保学生之间交流讨论的实际效果。课上充分展示学生的思维，以口述、板演、争辩、表演等多种形式展示，提高学生的课堂参与程度，通过学生的思维展示、质疑点评来充分暴露存在的问题，然后教师有针对性地引导学生解决问题，帮助学生答疑解惑，提高课时学习目标的达成度，提高课堂教学的针对性。

此模块完成的时间一般为30分钟左右。

微解读：

1. 导学案的编制

（1）明确多做偏题、难题、怪题绝不是对学生能力提升的训练，把难倒学生作为对学生能力的训练是自欺欺人，害人又害己的幼稚做法。选题要立足于对基础知识的灵活运用，体现梯度和层次，针对学生最近发展区域，以对学情的把握为最根本出发点。

（2）导学案的编制要体现“知识问题化，问题情境化，问题层次化，问题探究化”，导学案的编制不是习题的罗列，不是基础知识、基本概念、基本词句由此及彼地照抄照搬，要选用那些思辨度好，开放度大，利于学生联想或生成的题目。

（3）此部分题目数量不是固定的两个、三个或几个，一定要根据学科特点，根据课时内容灵活选用，以大部分学生能够在限定时间内独学、群学得较为充分为标准。

2. 展示点评

（1）展示方案要具体，真正对学生的展示提升有指导作用，方案的拟定要有利于学生思维的发散，有利于学生对知识的前后联系、拓展和延伸，有利于学生个性品质的体现和创新能力的培养。展示的形式要丰富多彩，可以口头展示，也可以板书展示，可以辩论，也可以表演，还可以通过多媒体展示等。最常用的是板书展示，板书展示要提示学生注意展面的美观，不可胡乱堆砌；要注意展面的规范，丰富展示的形式；要注意关键词、思维导图、知识结构图、知识树的运用。

（2）点评组在点评时不要滞留于表象的评价，要用本组的思维去碰撞别人的思维，通过比较、鉴别、分析、归纳使题目的解决更完美，更有深度。要呈现自己的生成，要展开与其他小组的互动。

3. 精讲点拨

老师的介入时间是个技术问题更是个艺术问题，对学习小组间的质疑、对抗什么时候介入基于老师的专业素养，更基于老师的思维紧跟学生的思维一起理解、判断，以及充分深入的备课。课堂时间有限，老师的及时介入可以避免学生无意义的争辩，终止学生无休止的时间浪费。老师的点拨要精练，一语中的，不要絮絮叨叨，婆婆妈妈。点拨要精准到位，像庖丁解牛一样，“动刀甚微，謋然已解，如土委地”，这样老师何愁不“为之踌躇满志”，体会到做老师的幸福和愉悦。

4. 独学、群学

（1）不论是独学还是群学都不能漫无边际没有时间概念，题目的数量要在限定的时间内使大部分学生能够完成，否则就会失去独学、群学的意义。因此老师要在充分调查学情的基础上，合理选题、适量选题，以中等水平学生能够完成为参照。

（2）在独学或群学过程中个别学生游离于群体之外也是正常现象，如果老师在学生的学习过程中能够深入到个体或群体中指导，或者利用火眼金睛去发现问题并进行及时提示，会较好的杜绝类似现象。但不可发现情况就一棍子打死，因为高效课堂的教学原则是宽容、理解、尊重、欣赏学生。

“三模九步”模式解读之“当堂检测（一）”

当堂检测是在前面两个模块的基础上，通过一两个题目的限时检测让学生充分体会本节对所学知识的掌握程度，让老师进一步了解本节课的学习目标达成度。

当堂检测的题目要面向全体学生，为区分学生的层次差异，可以出现必做题和选做题两种题型，使不同层次的学生都能通过独立训练来检测自己的进步程度。

此模块的完成一般需要 15 分钟左右时间。

微解读：

1. 在充分调查学情的基础上编制当堂检测题目，充分考虑哪些题学生可以做，哪些题不可以做，能否保证大部分同学完成检测题目。另外还可以采取分层选做的办法，把检测题目分成必做和选做两个部分，确保每类学生都能吃得饱，吃得好。

2. 明确检测的题型并非选择题一种，题型要多样化，判断题、简答题、计算题、论述题等都可以用来作为检测的题目。题型的丰富性可以体现在一课时的检测题目上，也可以体现在连续的多课时的检测题目上。尤其是那些能训练学生思维的题目更要注意选用。题型丰富才可以多彩，多彩才可以促使学生绽放生命的绚丽。

3. 当堂检测题目的处理要简洁、利落，对有问题的地方老师只需精讲点拨。可以针对学生板书答案中问题集中所在进行点拨，如非必要点拨也可以最后告诉学生答案，让小组自行解决存在的问题。另外，没有必要再为板书的同学评定分数，相信没有一位同学会在众目睽睽之下不尽力地展示自己，能获得同学们的首肯和艳羡就是最大的激励，因此，老师不必在此环节上再用分数评定作为激励学生的手段。

“三模九步”模式解读之“明确目标”

目标指引学生前进的方向，没有目标，学生的学习则无所适从。课时目标的设计要具体、明确，可观察，可测量。课时目标的设计是教师设计导学案的第一要务和基本前提，是一堂课的航标。因此我们要求每课时的导学案都要设置适宜的学习目标，并注意使用叙述性语言，变宏观为微观，化抽象为具体。整个导学案必须以学习目标为中心，紧扣学习目标的落实来设置学习问题和学习过程。在新课改的理念下，课堂学习目标应该包含知识与技能、过程与方法、情感态度价值观三个维度，同时我们要求，教师在引导学生学习的过程中要对学习目标进行解读，以便让学生更好地把握本节课的努力方向。对于目标解读的方式要具体问题具体分析，目的是要学生更明白、更容易把握。

此步完成预设时间1分钟。

微解读：

1. 明确三维目标是新课程标准的要求。新课标要求，学习目标要求体现知识与技能、过程与方法、情感态度价值观。知识与技能目标可以理解为“学会”，过程与方法可以理解为“会学”，情感态度价值观可以理解为“乐学”。三维目标不是三个不同的目标，它是对一个目标从三个不同维度的阐释，所以彼此是不能分开的。目前从书写的形式上一般分写三个目标。目标维度全面了才能实现对学生整体化的培养。

2. 新的课程标准要求我们必须构建新的师与生的关系、新的教与学的关系。老师应该把传统教学中关注老师的“教”转变到关注学生“学”的方面，因此，学习目标的书写主体必须是学生。另外目标要叙写，要具体，有可操作性，目标行为动词应该是可测量的、可评价的，具体明确的。

3. 要充分认识学习目标的重要性，不能只把目标当形式。目标明确以后，所有导学案的涉及内容，教学活动的安排都要围绕目标的达成，否则就失去了目标的意义。课时目标就是一课时的统帅，“无帅之兵谓之乌合”，没有目标引领的教学肯定是杂乱、低效的教学。

4. 课堂上教学目标的解读应该是手段多样、形式丰富的。可以让同学们大声齐读以振奋精神；可以让同学们自读，以加深印象；可以通过创设具体情境引出目标；还有师生共同制订目标等等。总之，一定要让目标深入人心，对学生起到振聋发聩的作用并时刻用目标关照学习的过程。

“三模九步”模式解读之“自研自探”

没有基础就没有提升，任何学习都不能忽视基础的作用。我们的高效课堂教学模式，就是在遵循学习规律的基础上，去创设适合学生学习的情境。

在“三模九步”教学模式中，一般是老师根据所要学习的文本材料预先编制一组练习题目，通过完成具体的训练题目达到对本节课重点基础知识的掌握，题型可以是选择题、填空题、判断题、简答题等等。学生带着这些问题去阅读文本，独学的过程就是解决老师给出的这些题目的过程。在操作过程中，老师们也可以只给出学生学习文本的学法指导，学生在学法指导的框架下自学文本材料。在这一环节中老师一般要求用知识树、思维导图、大括号等形式，让学生发现所学知识的重难点、找出知识点之间的联系，构建本课时的知识脉络。把此环节命名为“自研自探”，就是为了突出学生的主体地位，突出学生“学”的地位，所有的“研究、探索”都是要自学完成的。把学习的权利最大化地还给了学生，才能开启真正的高效课堂。自研自探环节尊重了学生的个体差异，每个学生的学习都是在自己理解认知的基础上的学习，每个学生的独学结果都会成为一道独特的风景。

此环节的完成一般需要10分钟左右。

微解读：

1. 文科要加强课上的记忆环节，可以在基础训练部分加入基础知识的背诵和检查，可以通过对子互查、小组抢答等方式进行；根据教学实际需要，教师可以在导学案中单设一道关于记忆内容的考查题目，让小组成员进行展示，以此加强课上对重要知识点的理解记忆。

2. 理科，尤其是数学和物理，要特别注意，不要机械地进行定理、公式、概念的照搬照抄，要体现对学科最基本知识的灵活运用。对课本中的例题要进行适当变换，以便增强学生对基础知识的理解和运用能力。

3. 尽管本部分时间短，但也应该追求题型多样化，如果每个导学案中都以选择题为主，长此以往，必定会造成学生思维训练不能到位，对所学知识理解肤浅。根据时间的长短，可以适当出现判断、简答、背诵等灵活多样的题目。

4. 预习什么就训练什么，不能造成预习、运用两张皮，让学生无所适从。这需要老师尽心备课，在学生充分预习的基础上通过简单应用，让学生感受到预习过程的收获。

5. 课堂任何一个环节都应该最大限度调动学生的参与性、积极性，最大限度展示学生的学习成果，暴露学习过程中存在的困惑。因此，尽可能让更多的同学到展示区域去展示基础知识部分的题目，基础是学生获得新知识的重要保证，忽视了基础知识的夯实，很可能导致接下来的学习学生一无所获。

6. 在题量上坚决不要贪多，根据学情，十几分钟的时间学生能完成多少道题日老师应该做到心中有数。况且每课时中基础知识并不多，所以应该精选题目，不要重复出题，反复演练，题目的选择要达到一针见血的功效。

“三模九步”模式解读之“成果交流”

在课堂实践的探索中我们发现，展示是提升学习兴趣，检测学习成果的关键步骤，是课堂的精华所在。在展示的过程中，学生发表了学习成果、赢得了尊重、获得了掌声，学生的学习热情变得高涨，学习质量也随之提高上来。因此展示对于学生的“学”具有非常重要的意义。

在交流中展示，在展示中获得交流。为了尊重学生学习的个体差异，真正把学习的权利还给学生，充分体现学生的自主学习精神，就必须给学生创设一个更大的学习空间和思维空间，搭建一个展示自我的舞台。成果交流更能体现尊重每一个学生、每一个小组的学习，通过交流可以进一步展示自己与别人不同的学习结果，可以提出自己在学习中的困惑，可以使思想和思想碰撞出智慧的火花，可以激发起同学们更加高涨的学习热情，可以使我们的课堂有更多精彩的呈现，爆发出更多的掌声，因此“交流”的意义更大。

此环节预设时间为 5 分钟。

微解读：

1. 老师要明确学生展示的形式应该是多种多样的，不能一味地板书或一味地抢答、口述。任何一种活动如果变得单一化，缺少了灵动的色彩，就会变得缺乏生命力。因此课堂上要努力达到多种展示形式的综合运用。

2. 高效课堂的宗旨是让每个学生去积极地参与，参与就是成功。高效课堂不是精英展示的课堂。因此，老师要使尽浑身解数去调动学生，使其在对子之间、小组内部、组与组之间敢于呈现、敢于暴露、敢于质疑、敢于对抗，在课堂上彰显生命的阳光和青春的激情。

3. 任何环节的点拨都必须是老师的精讲点拨，如果课堂上老师剥夺了学生的思维权利，等同于在扼杀生命。老师尽可能的少讲，讲的内容应该是学生真正困惑的地方。

“三模九步”模式解读之“巩固强化”

“巩固强化”是在学生各小组成员展示、交流、教师点拨后，针对刚刚学过的基础知识，进一步理解或强化记忆，为自主学习解决自我提升部分题目做好基础准备。此环节的时间不宜过长，处理的时候不要拖泥带水。

此环节预设时间1—2分钟。

微解读：

1. 根据艾宾浩斯遗忘曲线，学习过的知识只有及时理解记忆效果才会更好。落实此环节的操作，对基础薄弱的学生来说，在基础知识的夯实上会取得更好的效果。

2. 心理学的研究成果表明：人们接受外来信息和接受知识主要是通过人体的各种感觉器官来实现的，按其比例，视觉占83%，听觉占11%，嗅觉占3.5%，触觉占1.5%，味觉占1%。因此，为强化学习效果，可以尝试把学生的各种感官都调动起来，达到眼、耳、口、手等的并用。

3. 可以采用对子之间互查、教师随机抽查来检测巩固强化效果。

“三模九步”模式解读之“自我提升”

任何教学，都要有实效、有突破，这是我们课堂教学永恒的追求。基础知识是很多学生通过自学便能解决的事，因此这不会让学生之间拉开差距。学生被落下，多数是在提升训练的时候没有做到位。

“自我提升”，强调此环节的操作方法是“自我”，也就是所谓的独学，因此对学、群学都不属于这一操作流程的范畴。在高效课堂的各个流程中，独学的环节很重要，它是学生真正理解、掌握本课时学习内容的重要基础，在这一环节中可以让学生的思维扎根，让学生对本课时基础知识的理解和运用扎根，让学生对自己的学习效果在内心有一个自我评判是本环节的重要任务。如果缺少了独学环节，或者独学环节做得不扎实，其他所有环节都会变得浮光掠影，难有实效。

此环节的目的是加强学生的思维训练和学习能力适度拓展，让学生在独学过程中体验分析思路、解题关键点和答题注意事项等，充分展示学生的思维、培养学生的能力。

在操作层面，教师一定要明确自主学习的时间、内容、方法及要求，编制好导学案，布置的任务一定要具体。学生自学期间，教师要在各小组间巡视，针对学习过程中出现的各种问题及时进行引导。

此环节预设时间为 10 分钟左右。

微解读：

1. 对学情的充分把握是打造高效课堂的重要前提。首先老师应该明确并不是学生练得多效果就好，也不是老师讲得多效果就好。面对自己的学生，在一定的时间内学生能完成什么样的题目，能完成多少道题目老师都应该清楚，而不是想当然的选择高难度题目，以显示老师的所谓高水平。另外，题量过大，造成学生不能在限定时间内完成任务也是一个普遍存在的现象，老师应该本着少而精的原则去选题、组题。总之要彻底解决“两个过大”的问题就必须充分调查好学情，对症下药。根据学情、学科特点，可以在自我提升部分设计一道题、两道题，也可以五道题、六道题，学科不同，题目的难度不一样，一定要具体问题具体分析。

2. 学法指导，是指教师根据学生身心发展特点、认知规律，指导学生怎样采取科学有效的学习方法去学习。学法指导是高效课堂学习的重要组成部分，它的基本思想就是教会学生学习，通过老师对学生的学习方法指导让学生掌握基本的、科学的、适用的学习方法，由听懂知识到学会知识，由学会知识到会学习知识，由老师教会知识逐步过渡到不要老师教而自己学会知识。学法指导应从习惯培养、兴趣培养、读书的方法、听课笔记的方法、探索问题的方法、掌握课堂结构、优化学习环节、因材施教等诸方面进行。

以数学学科为例，让学生明白使用数学教科书应做到以下几点：

(1) 理解课本标题，围绕标题了解课本中心内容。

(2) 细读课本中的基本概念，明确其本质属性（即内涵）和适用范围（即外延）。对表达概念的文字作深入的推敲。例如，“弧相等”和“弧长相等”两个概念，仅一字之差，意义全然不同。

(3) 正确阅读定理，分清定理条件和结论，弄清证明思路和方法，熟知定理条件在定理证明中的作用。会联系定理实际应用。对类似定理进行分析、对比，准确掌握。研究定理是否可以推广，定理条件变化时，结论将发生怎样的变化。

(4) 弄清课本中公式的适用范围，掌握公式的特征和推导方法、公式间的内在联系。

(5) 紧扣课本内容理解例题的示范性和典型性，提炼例题的解法，寻求例题、习题的多种解法，分析最优解法。必要时，自己动笔把课本中因节省篇幅而省略掉的步骤补充出来，以便顺利理解。仔细阅读课本中的注释，认真观察课本中插图，分析图形是否合理，体会数形结合的作用。

再以指导学生课前预习和课后阅读为例。

(1) 课前，老师要根据本节课教材内容的目标、重点、难点，提出几个问题，教会学生如何带着问题有目的、有计划、有次序地去自学课本；如何在教材中去找自学目标、重点、难点、关键点；如何去发现问题，如何查阅资料去解决发现的问题；如何在书上做眉批和做读书笔记；如何在读后去做课本中的练习题。

(2) 教会学生怎样在课后精读课本，抓住核心，把知识间的内在联系整理成醒目的图表。

3. 所选题目的考查功能要全面，要尽可能多角度、多层次训练学生的思维。如果所选择的训练题目角度单一的话，实质上是对学生的在某一知识点上的重复训练，不仅体现不出高效课堂的高效，而且还会浪费学生的宝贵时间。

4. 关于导学案中习题的选用要体现“知识问题化、问题探究化、问题层次化、问题情境化”。

知识问题化。是教师通过对教材的加工，把教材中的知识内容、概念性问题转化为发人深思、引人探索的问题，把知识的形成过程及结论隐藏在问题中，而不是直接呈现给学生一些概念、结论性的问题。如果问题的设计具有探索性、挑战性、趣味性，那么极易促使学生去动手实践、合作探索及交流，既帮助学生全面正确理解了知识点，又锻炼了学生的思维，课堂实效性便有了保证。这样，既可以避免“甩开教材”漫无边际的教和学的现象，也可以避免老师在课堂上“满堂灌式”的泛泛讲解，非常有利于合作、探究学习的开展。

问题探究化。传统的教学是学生被动地接受，老师的头脑代替了学生思考。而新的课程理念则要求培养学生的创新意识，要求学生能够积极主动地学习新知识，发现新问题，探究新问题，从而培养起创新精神，因此探究的价值在新课堂中就显得非常重要。当学生在具体的学习过程中遇到问题的挑战，当学习发生质疑对抗时，当学生投入到对知识的探究时，这时的学习体验才变得深刻而有意义。因此在导学案的设计过程中要通过知识点的设疑、质疑、解疑，来激发学生的思维，培养学生的探究精神和创新精神以及对教材分析、归纳、演绎的能力。

问题层次化。学生的学习能力和基础水平不同，为了使不同层次的学生都能在课堂上感受到学习的收获，体验到成功的幸福和快乐。在设计导学案时就要尽可能把问题设计出层次，如可以把难题拆解成几步相对容易问题，把大题化小的方式，引导学生逐渐形成由简单问题到解决复杂问题的思路，让学生在学习过程中一步步登高。

问题情境化。把概念性的知识转化成具体的问题当然就离不开具体的情境。在学生学习的过程中不能只是简单地把所要理解掌握的知识摆在学生面前，从概念到概念，而应该把知识转化成具体的学习情境、生活情境问题。

5. 教师作为新课程背景下学生学习的参与者、引导者，必须能够深入到学生的学习过程之中，真正成为班级的第 51 名学生，不仅要深入指导学生在独学、群学过程中所遇到的困惑，还要像学生一样体会学习过程中的收获和喜悦。这样的课堂才能真正把握学情，才是师生浑然一体，心灵相通，和谐融洽的课堂。

6. 自我提升部分的训练题目，应该是面对全体同学，让每一位同学都能深入进去面对所设计的题目，让每一位同学都获得发展。每一位老师都应该明确，我们的高效课堂是面对所有学生的课堂，是每个学生面对全部学习任务的课堂。

“三模九步”模式解读之“互动展示”

“展示即发表、展示即暴露、展示即创造、展示即提升”，在高效课堂中展示互动环节往往成为一节课中最精彩的部分，是学生思维、能力、智慧的展示，是学生生命激情的体现。精彩的展示可以体现学生生命成长过程中的一种昂扬向上的状态。展示可以暴露学生学习过程中存在问题，可以挑起学生个体与个体、小组与小组之间激烈的竞争，可以激发学生的学习热情，为每一个学生的学习创造提供无限的空间。

此环节是在提升训练独学完成之后，教师合理安排学生对学、群学的组内小展示和班内的大展示活动。通过学生与学生之间、小组与小组之间、学生与教师之间的讨论、质疑、争论、辩解、分析等互动活动，形成班内全员参与，积极探究，氛围热烈的场面，把课堂教与学推向高潮，使学生享受获得知识的幸福和快乐。“三模九步”教学模式要求对同一道题目一个小组做到全员展示即可，其他小组只做补充展示，这样就避免了同一过程的重复，减少了课堂时间的浪费，提高了学习的容量和效率。

此环节预设时间为 15 分钟左右。

微解读：

1. 此环节通常包括以下流程：组内群学→全员展示→小组点评。

组内群学：学生完成提升训练题目后，教师可以采用两种形式分配展示和点评任务：一种是时间到后马上组织各组代表抽签，另一种是时间到后老师直接指定展示组和点评组。各组明确任务后，全员起立，学科组长立刻组织本组成员在展示区围成一圈进行讨论，将个人存在的疑惑进行沟通与交流，互相解决疑难和困惑，同时也将提升训练部分习题答案做简单对照、思路统一和更正修改。小组内部成员要踊跃发言，各抒己见，互相提问或解答，并在小组内讨论研究、充分交流之后，达成共识，形成小组共同认可的解题思路、方法和规律。展示组成员边讨论边设计展示方案并呈现在本组区域内，同时在讨论过程中做好本组成员的展示分工。点评组经本组讨论交流，达成共识后，也可以将本组的展示方案板书在本组展示区内，以便与对方形成对比，使点评更具针对性。

全员展示：待教师提示后，负责题目展示的小组全员登台亮相，对本组充分讨论形成统一意见后的答案、解题思路、规律方法、答题注意事项等在班内进行展示。

小组点评：展示组将本组题目展示完毕之后，点评组成员迅速上台对刚才的小组展示情况进行点评。点评重点在展示组有无知识性错误、有无补充的内容、有无拓展点、能否与下面互动、本组有无更好地展示方案。点评组在点评结束之前，展示组和点评组都要留在台上以便争辩质疑。

为保证互动展示环节的质量老师要深入学习小组，对小组在展示方法、展示环节、展示顺序等方面参与、指导。此外，导学案的编制、小组的评价机制也是互动展示环节成败的关键因素，教师编制的导学案要规范、具有可操作性，在导学案编制上，一般要求在充分把握学情的基础上根据学科特点编制适量的题目，题目的选用一是要避免出现难度过大、容量过大的倾向；二是要体现出题目设置的生活化、情感化、思维化。

点评即评价，是个体与个体，小组与小组之间的评价，其本质仍然是展示。通过点评可以让学生之间的思维碰撞出火花，有利于知识的拓展、延伸、生成。点评的方式一般是一对一点评，这样可以使点评的内容更充实，更深刻，更有针对性，当然根据课堂需要也可以采用循环点评、一对多、多对一等形式点评。

2. 要明确一个观点，高效课堂提倡全员参与，全员展示，但是一人一句话顺次展示不是真正意义上的全员展示。形式上小组同学都参与了展示，但由于平均分配任务，完整的解题过程被肢解了，连续的思维被割断了。一般每个小组6—8名同学，为了保持解题思路的完整性，可以这样分配小组成员的任务：①阅读分析题干，从题干中能够挖掘出哪些有用的信息，从题肢中能提炼哪些信息点，可能因审题不准导致哪些问题；②简要介绍本组展示方案以及本题考查的知识点及对此题的总体评价；③本题的解题思路；④本题规范的答题模式和步骤；⑤解题的关键点、解题的注意问题；⑥对此类题目的方法归纳、总结；⑦能否在此题知识点基础上生成新的知识点、新的题目；⑧解决本题时存在的困惑。

3. 要让学生展示，而且要让人人展示。高效课堂是面对全体同学的课堂，这也是与传统课堂的本质区别。要注意由于学生个体学习水平的原因或者在独学、群学过程中并没有真正解决相应的问题，一些学生在小组展示时便感觉无从下手，这样小组展示的任务便会落到一两个所谓的优生身上，因此在课堂上要特别关注那些学困生。另外，老师在编制导学案的时候，展示方案不具体，缺少对问题展示的指导，也会造成学生展示时无从下手，无话可说。平时对学生在展示方法、展示形式上训练不够也会对展示造成障碍。解决了以上问题才能避免只有优生展示的现象。

4. 注意避免小组低幼化点评。有时由于学生对学习内容的掌握尚达不到高度，对问题缺少深层次的把握，因此点评只是单纯评价了表象问题，如字迹清楚，双色笔的使用等等，或者干脆再把本小组的答案再展示一遍，这样做在本质上造成了展示、点评不分的现象。要让学生明白点评的意义和展示一样重要，点评是另外一种形式的展示。要指导点评的具体的方法，使学生有章可循，有法可依。

5. 小组展示或点评时学生的声音太小，这需要我们每个老师在课上特别强调，声音小的同学要训练他学会喊话。展示或点评的同学要侧身面对小组展示的内容进行点评，不能用身体挡住黑板上的内容，造成展示、点评不看对象，在那里自说自唱的现象。声音要洪亮，口齿清楚，姿态自然大方，充满信心。可以用彩色粉笔进行点评勾画，以便更好地引起同学们的注意。

6. 小组展示或点评时下面有的学生的视线已经被挡住，但仍然坐在座位上不动，这时我们老师要提醒学生找一个合适的位置，全面观看前面学生的展示或点评。下面的同学要端正面对展示或点评内容，不能侧对。这决定学生听、看效果的问题。

7. 脱稿展示与简单地读说导学案上的解题内容反映学生对知识的掌握层次上是不一样的。读，是一种简单的由此及彼的照搬；而脱稿展示，是把书面上的内容变成口语自然、流畅地表达出来，是知识内化之后的外在表现。学生对导学案上的内容不能内化、熟稔于心，就不可能做到脱稿展示，因此要求脱稿展示是对学生更高一级的要求。只有学生做到了脱稿展示，才能在课堂上显得大方、自然。在展示的同时再配以一定的肢体语言，用手势、用表情、用姿态，帮助其说明，增加学生表达讲说的内容效果，肢体语言的恰当运用在展示中有时会起到意想不到的作用。老师要解放思想，相信学生，适当的时候要敢于要求学生脱稿展示。只要合适的任务分给适合的学生，学生一定不会让你失望。在良好地掌握了课堂节奏时，学生常常能展现出一份惊喜，这对展示者自己也是一个不小的提高和激励。

“三模九步”模式解读之“矫正补充”

问题的提出和解决都是良好的学习过程。在“三模九步”教学模式中，“矫正补充”重点是对学生在学习过程中出现的不正确之处加以矫正，对学生学习不全面的地方加以补充，更加体现老师的点拨、拔高的作用。学生作为学习者，必然在接受新知识时出现各种各样的问题，包括记忆的、思维的、基础的、能力的等等，这些问题的出现都需要老师去发现去完善，使学生得到正确、完备的、具有灵活性的学科知识。

此环节预设时间为5分钟左右。

微解读：

1. 教师的矫正补充通常是在题目的展示、点评和质疑之后，当学生遇到困惑、疑难不能自己解决时，教师才出场介入，对学生出现的错误、误区、知识盲点等进行纠错、补充和强调，加深学生对该问题的进一步理解和掌握。

2. 教师要准确地介入学生之间的对抗、质疑，一是靠老师的尽心备课，把课上每个环节中可能遇到的问题预先设计并了然于心，什么地方当讲，什么时候当止，做到有备无患。二是需要凭老师课上的经验，老师在课上要做到不温不火，遇到学生为困惑争辩之处不要急于出手，要相信学生有能力解决；遇到学生延误、浪费时间之处及时引领。老师的心要和学生一起跳动，才能把握学生的思维，感知学生的困惑，才能使矫正补充在整个课堂环节中显得恰到好处，成为点睛之笔。

3. 有什么样的理念，才有什么样的教育，新课改背景下高效课堂新的师生关系理念是相信学生、利用学生、解放学生、发展学生。如果我们能够给学生一个足够大的舞台，他们会比想象的更精彩。老师课上越俎代庖是传统教育教学观念的表现，只有该放手时就放手才能让学生学会、会学进而想学、乐学，不必对每一个问题都进行补充。

4. 要使学生能够“学一题，会一类；解一题，通一片”，达到举一反三，触类旁通的学习效果，矫正补充环节同样必须注意知识间的联系、综合、比较、辨析，注重方法的归纳总结。如果课堂上就题论题，不能深入问题的本质，这样的课堂充其量算作习题训练课，老师的双手也不能把学生托举到一个更高的高度。

"三模九步"模式解读之"当堂检测(二)"

检测是明晰学习效果的最好手段，是制订下一步学习方案的抓手，另外也是激发孩子们长久的学习兴趣，不因掉队而厌学的良好保证。检测的目的不是为了看谁会而是发现谁不会，发现不会不是为了批评，而是为了学会。这样的追求，让学生不再害怕考试，也养成了一个良好的心态。

此环节通过几道典型题目检测本节课的学习效果，培养学生独立思考的能力。当堂检测的题量要适度，难度要适中，选题具有针对性和典型性，既面向全体，又关注差异。个别学科可以分为必做题和选做题两部分，保护学困生积极性，促进优生成长。由学生独立完成后，教师可以采用对子互换导学案，相互批阅或者直接出示答案，组内研讨的形式处理，教师对存在问题较大的题目当众提示一下即可。

此环节预设时间为10分钟左右。

微解读：

1. 在当堂检测部分编制什么样难度的题目、编制多大题量的习题，必须考虑学情，实事求是，不好高骛远，原则上要学什么检测什么，当然可以适当做一些拓展和延伸，但不能喧宾夺主，要首先保证本堂学习内容的落实。当堂检测部分只有题目难度合适、题量合适、题型合适，才能减轻学生课下的学习负担，才能让学生感受到高效课堂的快乐。

2. 既然是检测题目就没有必要再给学生详细讲解，尤其是那些大多数同学基本不存在问题的题目。在处理上，可以在此环节中让一部分学生到黑板上去板演，然后老师根据某一个学生的答案订正一下，如果问题集中的地方可以当众提示一下，时间允许的话也可以让小组内、对子之间自己解决存在的问题。

“三模九步”模式解读之“回顾反思”

“三模九步”教学模式的“回顾反思”，即是教师认真指导好学生整理、完善导学案中的相关内容，并填写“回顾反思”栏目，把本节课自己的疑惑点、成功感及时记录下来，作为学生弱项跟进的重要信息和教学效果的真实反馈。

此环节要求学生在课上限时完成，这既体现了学习反思的及时性，又保证了课堂结构的完成性。老师在下课前收齐学生的导学案，可以进一步根据回顾反思的内容，了解学情，为下一节课的学习做准备。

此环节预设时间为 3 分钟左右。

微解读：

1. 此环节要求学生必须在课上完成，这既体现了反思学习的及时性，又保证了学习过程的完整性。

2. 对学情的把握是高效课堂建设的一项重要工作，如果高效课堂的教学不是建立在对学情的充分把握上，那么学科教学就会成为无源之水、无本之木，缺少教学、训练的针对性、实效性。教师根据学生导学案中的“回顾反思”可以更好地了解学生在学习过程中存在的困惑，找准补救措施和下一节课的努力方向，对提高学生的学习效果有着重要的意义，因此教师要把此环节高度重视起来。

3. 让学生完成“回顾反思”，可以让学生对自己的学习有一个较为清醒的认识，知彼知己，百战不殆。学生在学习上切忌囫囵吞枣，对自己不负责任。只有知不足，有了对自己学习状况清楚的认识，才能有前进的方向和动力，才能真正成为学习的主人。

中　篇

高效课堂建设策略

第三章

导学案编制讲策略

导学案在我们高效课堂建设中到底有多重要，很多专家都给出了非常形象的说法：路线图、指南针、导航仪、方向盘……这些比喻，足以说明导学案在高效课堂建设中起到的是举足轻重的纲领作用。

导学案是学生自主学习的方案，也是教师指导学生学习的方案。在编制过程中通过将知识问题化、问题探究化、问题层次化、问题情境化的过程，达到知识与技能、过程与方法、情感态度与价值观三维目标的实现。教师借助“学案导学”这一策略，能够将教材有机整合，精心设计，合理调控课堂教学中“教”与“学”，使学生通过自主、合作、探究、交流、展示、反馈等学习活动，真正成为学习的主人。

一份好的导学案，是对知识的条分缕析，探索整合，它能够激发学生的学习兴趣，发散学生的思维，培养学生的能力，启迪学生的智慧，是教师智慧的结晶，是师生激情绽现、舞动生命的平台。

把握学情编制好导学案

高效课堂追求的是“知识的超市，生命的狂欢”的学习氛围，目的在于改变传统课堂中学生被动接受，压抑天性，泯灭创造生成的学习状态。然而是否探索出了一个课堂教学模式就能够彻底让学生学会、会学、想学、乐学，达到课堂高效的目的？

我们在高效课堂建设之初，在相当一段时间内，课堂上仍然存在着学生学习不深入、不兴奋、不愿展示、不会展示、不会评价、不思进取的课堂状态。虽然绝大多数同学都能在课堂上“身动”起来了，但是真正能参与到老师的教学过程中的仍然还是少数的优生，大多数同学只是在做表面文章，机械地念展念答，浮浅地评价是否声音洪亮，是否使用了双色笔等，整个学习过程显得浮光掠影，缺少深度，这样的课堂实效可想而知。

静下心来，认真反思，我们认识到要切实取得课堂高效，极为重要的在于学生所面对的导学案是不是适合学生目前的认知水平和学习能力，是否能激起学生的学习兴趣。对学情的把握是高效课堂建设的一个重要环节，如果高效课堂不是建立在对学情的充分把握上，那么教学就变成了无源之水、无本之木，缺少教学、训练的针对性、实效性。因此，导学案的编制必须在充分调研、把握学情的基础上展开，要遵循“不贪多只求实”、“进度服从质量”的原则，合理设置导学案中每一部分的题目。

并且，在导学案的编制过程中要体现知识的问题化、问题的层次化、问题的探究化、问题的情境化。

要真正了解并把握学情，最基本的操作方法是严格遵守“五步三查”这一具有普适意义的教学思路。所谓“五步三查”是高效课堂操作的基本模式。其中的“五步”指课堂环节五个基本步骤：独学—对学、群学—组内小展示—班内大展示—整理导学案、达标测评。其中的“三查”就是在一个完整的学习过程中的三个不同阶段调查学生的学情，以便使教学更具有针对性。

第一次学情调查。独学时，教师的主导作用体现在巡视调查，了解学生学习进度、对导学案独学内容的掌握情况（即基础类题目），并据此确定独学的时间，适时转入下一步学习。

第二次学情调查。组内小展示时，进行第二次学情调查，调查的方式可以是教师巡视指导和学习组长的反馈。教师就小展示暴露出来的问题和小组备展的内容，灵活调整预设的时间安排；确定大展示的内容、时间，组织全班进行大展示。

第三次学情调查。课后教师整理导学案、达标测评时进行的是第三次学情调查。教师了解整节课学生掌握的情况，分析不同层次学生存在的薄弱环节，作为下节课课前反馈和单元测试的依据。

此外，班级情况、学生个体情况都存在着很大的差别，老师的教学风格迥异，这些都是我们编制导学案，顺利操作教学流程需要考虑的前提条件。

任课教师将学情实际与学习目标相结合，才能真正编写出针对性强，实用性强的导学案，并依托教材，走出“只做课本之外的习题”这一误区。

导学案设计要体现“四化”

导学案是学生在课时内达成学习目标的路线图，是学生在课时学习过程中由此岸到达彼岸的导航仪，是学生驾驶思维的列车时手中紧握的方向盘。导学案的编排设计对教师参与、引导学生的学习非常重要。因此，在导学案的设计中能不能做到“知识问题化、问题探究化、问题层次化、问题情境化”就成了决定学生学习质量高下的关键因素。如果不能很好地体现导学案的“四化”要求，设计出的导学案很可能就是传统课堂教学中所用的习题集的变种。具体辨析如下：

1. 知识问题化。是指教师通过对教材的加工，把教材中的知识内容、概念性问题转化为发人深思、引人探索的问题，把知识的形成过程及结论隐藏在问题中，而不是直接呈现给学生一些概念、结论。问题的设计具有探索性、挑战性、趣味性，就容易促使学生去动手实践、合作探究，既帮助学生全面正确理解了知识点，又锻炼了学生的思维，课堂实效性便有了保证。这样，既可以避免“甩开教材”漫无边际地教和学的现象，也可以避免教师在课堂上“满堂灌式”的单向讲解，非常有利于合作、探究学习的开展。打个比方，想让学生学会“1＋1＝2”，我们就不能只是简单地让学生记住这个结论，而应该把这个知识性结论转换成一个具体问题，创设一种问题情境，如：“我手里有一个苹果，你手里有一个苹果，那么我们两个共有几个苹果?”这样问题化地处理知识性内容会增加学生的学习兴趣，丰富课堂的色彩。

2. 问题探究化。传统的教学是学生被动地接受，老师的头脑代替了学生思考。而新课程理念则要求培养学生的创新意识，要求学生能够积极主动地学习新知识，发现新问题，探究新问题，从而培养起创新精神，因此探究的价值在新课堂中就显得非常重要。当学生在具体的学习过程中遇到问题挑战，当学习发生质疑对抗时，当学生投入到对知识的探究时，这时的学习体验才变得深刻而有意义。因此在导学案的设计过程中要通过知识点的设疑、质疑、解疑，来激发学生的思维，培养学生的探究精神和创新精神以及对教材分析、归纳、演绎的能力。

例如下面一道生物导学案中的题目：

四名受试者分别口服100g葡萄糖后，在180min内血糖含量的变化曲线如图所示。

(1) 如果你是医生你能根据图中变化曲线判断a、b、c、d谁可能是患病者，患什么疾病吗？你是怎么判断的？你还有其他的判断方法吗？以其中一种疾病为例。

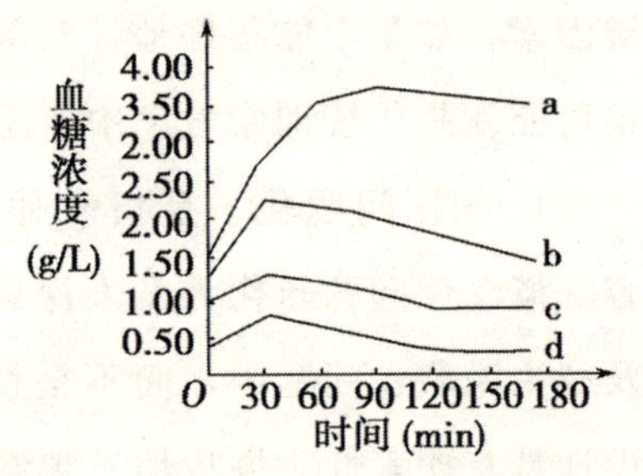

(2) b曲线在前30min内血糖升高主要是由什么引起的？引起血糖升高还有哪些途径？在120min后为什么又下降到达正常值了呢，你能解释其调节过程吗？

这道题就给学生设置了较好的探究空间，能激发学生的讨论兴趣，促进对知识的理解、内化。

3. 问题层次化。基于学生的学习能力和基础水平的不同，为了使不同层次的学生都能在课堂上感受到学习的收获，体验到成功的幸福和快乐，我们在设计导学案时就要尽可能地把问题设计出层次，把难题变易，把大题化小，让学生在学习过程中一步步登高。

例如，一道初中物理上关于浮力的问题：

一小船漂浮在池塘的湖水中，若把池底的泥挖出来，放在船里，那么池塘中的水面将怎样变化？

这个问题问得过于含糊，直接抛出学生可能无法紧扣预期的知识点，或者不知道从哪个角度来分析，题目的关键是什么，解题的步骤和方法是什么。所以，教师在导学案中进行问题设计时对题目难度进行了分解，设计成如下三个小问题：（1）要比较水面的升降，实质上是比较哪一个物理量的变化？（2）比较泥的体积和泥在船中时，船排开水的体积的大小。（3）将泥从湖底挖出，再把泥放入船中，分别使湖水水面发生了怎样的变化。这样，问题就有了层次和梯度。学生的回答容易找到落脚点，又因题目的层次，使学生能够自己解决更复杂程度的题目。

4. 问题情境化。把概念性的知识转化成具体的问题当然就离不开具体的情境。在学生学习的过程中不能只是简单地把所要理解掌握的知识摆在学生面前，从概念到概念，而应该把知识转化成具体的情境问题。通过教学设计和实践发现，抽象的概念很难直接植入学生的认知结构，即便一时产生效果，也经不起时间的考验。“充分提供情节背景下的学习是最有效的”，在生活背景下的情境化学习，把课堂教学和生活实际有效的结合，学习生活中的知识并将所学到的知识真正理解达到能学以致用，才是扎实有效的学习。在引导学生学习的过程中，多从学生的生活经验入手，创设较好的问题情境或悬念，就可以激发学生的学习兴趣，促使学生头脑中产生新知识与原有经验之间的联系，从而完成知识的建构，同时也能更好地理解所学知识的价值。

例如一道政治题目：

重庆某加油站拒绝为日本车加油，于是打出“本站不为日本车服务”的灯箱，该加油站的工作人员毫不掩饰他们的观点，一中年工作人员说：“既然立了牌子，就肯定不给日本车加油，我们不赚那几个钱。”一段时间以来，在国内的多个大城市出现了大规模的抵制日货、抵制赴日旅游的等事件，一些人盲目冲动地去发泄反日情绪，出现过激言行。

请大家讨论，这些行为是否是爱国行为？新时期我们应该用怎样的行动来爱国？

这样将时事热点与生活经验，以及学生自身情感融合在一起，能达到的效果远比平淡无奇的讲述或教师苦口婆心的灌输更有效。

总之，在具体的导学案设计中，每一道题目的设计手段都不是单一的，只有掌握导学案设计的这些基本要求，才能避免导学案习题化、低幼化，才能设计出高质量的导学案。

对导学案“知识问题化”的理解

在导学案编制的原则上，一般来讲就是知识问题化、问题层次化、问题探究化、问题情境化。在这四个原则当中，第一个原则“知识问题化”，与后三个原则有着本质的不同，它们之间不是并列的关系，而是一种主与次，干与枝，总与分的关系。

后三个原则应该是在第一个原则的基础上实现的，如果没有了导学案编制中的知识问题化的基础，不可能存在问题层次化、问题探究化、问题情境化等上层建筑。因此可见，在导学案编制的过程中首先要落实的就是“知识问题化”这个前提。而知识问题化也必须通过问题的层次化、探究化、情境化来体现。

那么，什么是知识问题化呢？就是把那些课内以及课外的需要学生掌握的知识点，在编制导学案的时候，通过老师们理解、挖掘、重组、生成，转变为探索性的问题点、能力点，通过对知识点的设疑、质疑、解释，从而激发学生的探求欲望，激发学生积极主动思考的精神，从而逐步培养学生的探究精神以及对知识的分析、归纳、演绎的能力。比如在处理高中历史必修二专题五第一节《开辟文明交往的航线》时，对于“新航路开辟的影响”这一重要知识点，可创设这样的问题情境：

新航路的开辟对人类社会有着重要的影响。有人说它是世界市场联系之路，有人说它是人类文明交流之路，也有人认为它是殖民掠夺之路，以及人类思想震撼之路。你是怎么认为的呢？

通过这样的问题创设，将知识转化成了问题，引导学生在小组内开展讨论，选取各自观点，与其他小组展开辩论，使学生深刻地认识和理解了新航路开辟的影响，从中启发学生要从多个角度全面认识历史现象。

我们在编制导学案的过程中，应该怎样实现知识问题化呢？第一，问题要具有启发性，高效课堂更是注重思维训练的课堂，通过问题开启学生思维的大门，这才是知识问题化的意义所在。第二，设计的问题要紧紧围绕本节课的学习目标，抓住问题的关键点，不能琐碎、啰唆，让学生摸不着边际。第三，问题的呈现要尽量少用直接的填空的方式，避免学生照抄课本，不加思考，把学习问题简单化，抑制了学生的积极思维。通过精心设计问题，使学生意识到：要解决教师设计的问题不看书不行，看书不看详细也不行，光看书不思考不行，思考不深不透也不行。让学生真正从教师设计的问题中找到解决问题的方法，学会看书，学会思考、学会探究、学会创造、学会自学。

在知识问题化的过程中要特别注意不要走入几个误区：

一是以习题化代替问题化。这是对“问题”和“习题”两个概念认识不清导致的。“习题”一般是用来帮助学生巩固深化所学知识、技能的。而“问题”不仅包括教科书上的习题，也应包括那些来自实际的问题；不仅应包括“单纯练习题式的问题”，也应包括“非单纯练习题式的问题”；不仅包括概念性、事实性知识，也包括条件不充分、结论不确定的开放性问题和具有探索性的问题。因此，两者的内涵、作用是完全不一样的。习题仅仅是巩固、检测学生学习水平与技能的一种反馈手段；而“问题”则是启发、引导学生思考知识点、掌握知识点的载体和途径。

二是设计问题过于肤浅。问题设计缺乏探究性，没有探究价值，不能引起学生的深度思考，很容易就能得出答案；问题设计缺乏开放性，由于设计的问题过于封闭单一，答案唯一，学生对照课本直接就可以找到结果；教师就教材教教材，设计问题仅仅停留在教材内容表层传递出来的信息，而没有进行深度开发和拓展提升，所以设计的问题往往思维含量低。这些问题不利于课堂上的生成。没有生成性的课堂也就没有生命性，也不利于学生发散思维、求异思维、创新思维能力的发展。

三是问题的设计过于零碎化，就像传统课堂上的“满堂问”一样，教师一问到底，实际上很多都属于无效提问。这样设计的结果会阻碍学生对知识系统的整体构建，也禁锢了学生的思维。

知识问题化是导学案编制的关键，它具有“以问拓思，因问造势”的功效。因此高效课堂的高效要由有价值的问题来引领。

对导学案“问题层次化”的理解

教学离不开提出问题、分析问题和解决问题，就像写作议论文。作为学生学习方案的导学案，在编制过程中当然也回避不了这一“问题”过程。而教学效果的好与坏就决定于这些问题的解决方式和解决效度。

在解决问题的效度上有些专家就提出了导学案编制要“问题层次化”的观点。那么什么是导学案编制的问题层次化？就是为实现一个大的学习目标或解决一个难度较大的问题，根据面对的具体学情，把这个大的目标或难度较大的问题分解成几个小目标或者难度较小的题目逐步实现、逐个加以解决，最后达到整体目标实现、难度较大的问题顺利解决。这也就类似于传统教学上所常用到的为学生搭台阶的做法。当然，分解出的小问题之间是互相联系的，同时也是大问题的必要构成要素。如果我们不对大的问题进行分解的话，学生很可能望而生畏，失去了解决问题的信心。久而久之学生培养起来的不是发散的思维，不是解决问题的能力，而是逃避和放弃。如同要教会学生写议论文，没必要一开始就非要学生写好一篇完整的议论文，可以按照议论文的构成要素，分解成文章的审题立意、文章的开头结尾、文章的论证方法等几个具体的步骤来训练，当学生把每一个构成要素都完成得很好时，写好一篇议论文自然而然是水到渠成之事。

这种问题层次化的设计观念，也就是心理学上有所说的“逐步逼近思维方法”。著名数学家笛卡尔说：“把你所考虑的问题，按照可能和需要，分成若干部分，使它们更易于求解。”这就是对“逐步逼近思维方法”最好的诠释。

在导学案编制过程中落实问题层次化的时候需要注意以下几点：

1. 把每一个小问题都控制在学生能预见和可操作的一个范围内，这样就可以使学生在学习过程中清晰地处理每一个问题。上一个小问题是下一个小问题的前提，下一个小问题是上一个小问题的结果，环环相扣，紧密相连。当学生实现这一个个小目标的时候，导学案中大问题的解决就会瓜熟蒂落。

2. 分解成的小问题既要现实可行，又要有激励价值，如果小的问题依然难以解决，学生踮起脚跟仍然摘不到桃子，或者学生不费吹灰之力就能顺利完成的话，那么这样的问题分解就毫无意义，也就失去了导学案编制问题层次化的意义。

3. 问题层次化后还要注意表扬、激励的层次化，我们的问题分解是建立在对学情把握基础上的，事实上不可能每一个学生、每一个小组都能把这些分解后的问题一个个解决掉，但是只要有一个问题被解决掉，老师就应该及时地发现，进行表扬和激励，以此作为解决下一个问题的加油站，学生在不断地肯定和激励中就有可能把每一个问题都解决掉。切勿问题层次化后，教师的眼光却仍只盯着最后的结果。

对导学案“问题探究化”的理解

自主、合作、探究是新课程改革理念下最基本的学生学习方式，正因如此，“探究”似乎也就成了当下课堂中一个很流行的词汇。但是，课堂教学也需要反思，到底有哪些问题应该探究，值得探究，有哪些问题根本就不需要安排学生浪费精力、浪费时间探究。课堂探究绝对不能只是赶潮流，在教学中一定要正确认识探究，让探究活动成为课堂上的点睛之笔，真正体现探究的价值，而不是把探究作为一个闪亮的标签贴在课堂上。

那么我们应该怎样理解探究，落实好探究呢？

网络搜索“探究”词条：探究，亦称发现学习，是学生在学习情境中通过观察、阅读，发现问题，搜集数据，形成解释，获得答案并进行交流、检验、探究性学习。而探究性学习，是一种积极的学习过程，主要指的是学生自己探索问题的学习方式。

通过对探究以及探究性学习的内涵的了解，我们不难看出，探究就是一种探索性的学习活动，它是一个发现问题并通过自身努力解决问题的过程。旨在培养学生的创新精神和实践能力，其价值不言而喻。由此可知，我们在课堂教学中设计的探究性问题应该是那些不拘泥于既定的答案，固定的模式，以及约定俗成的方法的，注重发散和展现思维过程的问题。而对于那些仅需记忆、不具备开放性的知识或者非常简单的，能够让学生一目了然的知识则无须再安排探究活动，否则就成了画蛇添足，甚至东施效颦了。比如，在导学案中，安排这样一道题目的探究："卢沟桥事件是什么时间？因此卢沟桥事件又叫做什么？"这个题目有探究意义吗？卢沟桥事件本身就是一个盖棺论定的事实性知识，我们只需直接告诉学生，让学生记住就达到了我们的教学目的。再如有位老师在教《论语十则》一文时，让学生讨论："中国博大精深的，最有影响的作品是哪一部？"把这样主观的暗示意味强烈的问题设计成探究性题目，这种机械照搬课堂教学模式的做法，除了浪费有限的课堂时间，造成课上学习活动喧宾夺主之外，对提高我们的课堂效果显然无益。

那么到底应该把什么样的问题设计成探究性问题呢？一般来讲，除了对那些事实性知识、概念性知识（比如术语、原理、结论、公式等）的考查不宜设计为开放性的探究问题外，其他内容应尽可能多地设计具有开放性的探究题目，比如，举例题、演示题、实验题、分析题、讨论题、写作题等等。探究性题目的设计要紧紧围绕课堂学习目标，选择关键性问题或重点内容来完成，明确探究就是为了让学生利用已有的旧知识探索新知识，实现知识的自我构建。同时探究性问题的设计要有一个明确的"度"，这个"度"不能太宽，让学生摸不着边际，无所适从；也不能太窄，限定学生思维的发散。在问题设计过程中要注意向"学生最近发展区域"这一方向着力。

下面一道化学题就是一道比较有价值的探究性题目：

背景材料：

将 4molA 气体和 2molB 气体在 2L 的密闭容器中混合并在一定条件下发生如下反应　$2A(g)+B(g)=2C(g)$；$\triangle H<0$。4s（秒）后反应达到平衡状态，此时测得 C 的浓度为 $0.6mol\cdot L^{-1}$。

问题探究：

请根据以上试题背景并结合化学反应速率、化学平衡影响因素、平衡移动及化学平衡常数表达式等知识，合理编制题目与他人互动，并能分析考查要点、设问意图、分析思路、解题的注意事项等。

这道题目体现了以下几个特点：

1. 能够引导学生利用旧有化学知识去构建新知识。

2. 题目有一定的开放程度，而且这种开放程度并非学生难以把握，无所适从，提出明确具体要求使学生在探究过程中有章可循、有法可依。

3. 关注了学生的“最近发展区域”。

探究既然对学生的思维以至能力起到至关重要的作用，就要在教学过程的临时生成和导学案的编制中都精心谋划，使探究这种学习方式用得其所。

导学案要“精兵简政”

张彬福教授在《“学案导学法”的问题出在哪里》一文中指出，“导学案”所提出的问题全部来自教师，学生已然处于被动完成作业，即被动学习地位。“导学案”是在教师指挥下的“自主学习”。学生们从学习开始就是做题，最终还是落实到把题做对上，哪里还有什么“自主”。

张教授的观点让人触目惊心，难道我们辛辛苦苦经营的高效课堂，苦心孤诣编制的导学案，到头来还是让学生在被动的学习？这不是与我们的高效课堂提出的把学习的权利还给学生的观点背道而驰吗？但是冷静下来，反思我们的课堂，反思导学案的编制，觉得张教授的观点，恰恰击中了部分症结所在。因为很多学科，很多老师的导学案，正是一些练习题目的堆积。从基础学习部分，到能力提升，再到当堂检测，把整个导学案用一道道题目装得满满的，选择题、填空题、判断题、简答题、论述题等等各种题型倒是应有尽有。学生从上课开始到一节课结束确实不得不忙于完成着老师预定的一道道题目，哪里还有什么学习的自由？学生在预习过程中存在的问题没有得到针对性的解决，学生在学习过程的思维得不到发散，需要的能力得不到提升，自始至终都像一架机器一样，按照老师的指示旋转。呜呼！这样的高效课堂实际上就是传统课堂的变种，是一头“披着羊皮的狼”。

当然，很多老师也都在导学案的编制上做着大胆的尝试，为了真正能把学习的权利还给学生，老师们俯下身子，从学生们的预习中发现存在的困惑，因材施教，具体问题具体分析，把自己变成班级里的第 51 名学生。这样编织出来的导学案才更有针对性，更具有使用价值，更能减轻学生的负担，提高学生的能力。但题量过大必然挤压思考探究时间，这一点也不容忽视。

我们一直提倡在导学案的编制上，要最大限度地给学生创设思维发散的空间，给学生搭建自由舞蹈的平台。为此，我们在基础训练部分、在能力提升部分甚至是当堂检测部分都可以“留白”，让学生根据老师的引导去发现问题、思考问题、解决问题，进而根据问题编制各种各样的题目，生生之间、组组之间、师生之间，互动答疑，精讲点拨。真正通过减少导学案中的文字表述和优选训练题目，创造一个氛围浓厚的问题场、思考探究的学习场、和谐快乐的生活场。让每个孩子的困惑都得到不同程度的解决，让每个孩子的思维都得到最大限度的发散，让每个孩子的能力都得到最大限度的提升，这才是导学案引导下的高效课堂。

减少导学案中的文字、优选导学案中的题目，精简导学案中的内容，是导学案编制上一个需要研究的课题。把胆子放大，把理念提升，才能做到对导学案的“精兵简政”。

关于学习目标的思考（一）

新课改理念下，学习目标分为知识与技能、过程与方法、情感态度与价值观三个维度。首先应该明确三维教学目标不是三个目标，而是一个问题的三个方面。它集中体现了新课程的基本理念，集中体现了素质教育在学科课程中培养的基本途径，集中体现了学生全面和谐发展、个性发展和终身发展的客观要求。

第一维目标：知识与能力目标。

主要包括：人类生存所不可或缺的知识和学科基本知识；获取、收集、处理、运用信息的能力，创新精神和实践能力，终身学习的愿望和能力，即基本能力。

第二维目标：过程与方法目标。

过程，指应答性学习环境和交往、体验。

方法，主要指基本的学习方式（包括自主学习、合作学习、探究学习）。

第三维目标：情感、态度与价值观目标。

情感，指向的是爱、快乐、审美等丰富的内心体验和心灵世界。

态度不仅指学习兴趣、学习责任，更重要的是乐观的生活态度、求实的科学态度、宽容的人生态度。价值观不仅强调个人的价值，更强调个人价值和社会价值的统一；不仅强调科学的价值，更强调科学的价值和人文价值的统一；不仅强调人类价值，更强调人类价值和自然价值的统一，从而使学生内心确立起对真善美的价值追求以及人与自然和谐和可持续发展的理念。

然而，在老师们的具体操作中，却往往忽视部分教学目标的拟定和解读，具体失误表现在以下几个方面：

1. 重知识与能力目标，轻过程与方法、情感态度与价值观目标。这实质上是知识本位的思想在作怪，长此以往，培养出来的学生便可能不是全面发展的具有健全人格的“人”。因此，在教学中，应该对教学内容进行全方位的解读，努力发现一个问题的三个维度，确实做到知识育人、方法育人、情感育人。

2. 目标成为导学案的摆设，不能真正起到引领学生课堂学习的作用。在导学案的编排上，因为教学目标是不可或缺的内容，所以老师们不得不写，但在实际的课堂操作中又往往忽视掉目标的作用，虽然在课堂上会让学生读一遍，或者老师说一遍，但事实并未重视，甚至形同虚设，浮光掠影地处理掉，给人的印象不深刻。解读教学目标其实非常重要，要让学生真正明白本节课该学会哪些具体内容，学到什么程度，怎么学。要把目标解读落到实处。

3. 目标大而空。例如：“理解课文内容，培养学生的能力。”

学生的能力包括听、说、读、写多个方面，本课时究竟培养哪方面的能力呢？怎样培养呢？这样的目标太大，每一课时的教学目标一定要具体可感，不能让学生摸不到边际。

4. 目标泛泛。例如：“体会说明文的用词的准确、严谨，学习说明的方法。”

究竟借助什么让学生体会说明文的用词的准确、严谨？怎样习得说明的方法？这样的目标设定常常来自教参，但教参只是做参考的，它的措辞是比较泛泛的，具体到一课时的导学案中，如何让学生可知可感可明确，需要教师深入思考，详细解读。

教学目标的拟定和解读非常重要，没有方向或者方向不具体的课，都会造成老师、学生摸着石头过河，小车不倒推着走，走到哪里算哪里的现象。所以，教师应该清楚，全面、可落实才是教学目标的归宿，而不仅是“具有”。

关于学习目标的思考（二）

在新课改理念下，单一的教学目标转变成了三维学习目标，说法的转变，也标志着教育理念、教育方法的转变。“单一的教学目标”是指课上老师的教和学生的学的目标，甚至也可以理解成是老师教会学生学习内容的目标。这个说法是在站在传统的教育教学理念上，是一个唯“教”、唯“师”的课堂目标。因为单一，所以除了让学生掌握必要的知识和一些基本的技能技巧外，基本上没有关注学生作为个体的生命所具备的情感、态度、价值观，更没有注重学生思维的培养和能力的形成。

再看三维学习目标，首先这个目标是针对学生来说的，是学生在课堂上的学习要实现的目标，这就把学生的“学”放到了一个主体的地位，体现了新课改理念下的唯“生”、唯“学”的观念。其次，这个学习目标不是单一的，而是三维的，也就是多角度，多侧面的，这就把学生的学习看成了是一个过程的发生，看成了一个多种因素的构建，这样才不至于在课堂上只注重知识的学习，而忽视除死板的、静止的知识以外更重要的因素。

三维的课程目标应是一个整体，知识与技能、过程与方法、情感态度与价值观三个方面互相联系，融为一体。如果抛开“过程与方法”、“情感态度价值观”的学习目标，必然退化成单纯地注重知识的学习、传统的教学行为。

高效课堂建设之初，我们吃惊地发现，许多导学案只有单一的“知识与技能”目标，而忽视了“过程与方法”、“情感态度价值观”，这实质上是把教与学的问题简单化了，说明在许多老师的观念中，还没有真正意识到知识与技能是习得的，而不是老师讲解传授的。学生通过什么样的方法、经历怎样的过程让知识与技能刻骨铭心，老师们缺乏考虑。另外，每个人都有自己的是非观念、情感取向，在引导学生学习的过程中，要培养学生什么样的价值观、人生观，这就必然涉及“情感态度价值观”这一目标。

那么，我们到底应该怎样看待“三维目标”的问题？于春祥老师说得好：知识与技能两三点，过程与方法一两点，情感态度价值观一两点，加到一块六七点。

因此，拟定学习目标时一定要注意三维目标全到位。

关于学习目标的思考（三）

既然明白了导学案就是学生课上学习的路线图、指南针、方向盘、导航仪，那么，导学案上中的每一个环节的指向都应该是学生，学生才是课堂的主体、导学案的主体。但是在老师们设计的导学案中，仍然存在以“师”为主体，以“师”为出发点的现象，尤其是在导学案的第一个环节“学习目标”的表述上，表现尤为明显。通过例子来看一看老师们在导学案中对学习目标的表述：

例1：了解作者，使学生理解父爱的本质和母爱的本质，了解弗洛姆关于健康而成熟的灵魂需要父爱与母爱的综合的观点。

例2：引导学生把对“爱”的认识由感性层面上升到理性的高度，认识到父母之爱的伟大无私，学会感恩，激发学生培养健康而成熟的心灵激情。

例3：通过实例的分析，让学生经历由平均变化率过渡到瞬时变化率的过程，了解导数概念的实际背景，知道瞬时变化率就是导数。

分析一下，这三个学习目标的表述形式，不难发现，在三个学习目标中，老师们使用了“使……”、“引导”、“让……”等动词，既然用了这样的动词表述学习目标，那么，追问一下，谁“引导”？是学生自己吗？当然不是，在课堂上能够“引导”的只能是老师，而非学生自己，因此，这样的学习目标的表述，主体仍然是老师而不是学生。新课改理念告诉我们，学生才是学习的主体，为什么在关于学习目标的表述时仍不能让学生成为完成课时目标的主体呢？这就说明，这些老师的脑子里还存留着传统的教育教学思想，所做的只是“新瓶装旧酒”。另外，即便是叙述针对的是学生，要让学生对本课时的学习内容“了解”到什么程度，是要掌握大致的知识脉络，还是要能够认读、辨析？“了解”这个词并不是一个具体的、可测量的学习指标，学生在面对这样的学习目标的就很难把握到底自己对所学的知识“了解”了没有。

我们再看下面两个学习目标的表述：

例 4：在熟读《书愤》的基础上当堂背诵。

例 5：能够熟练运用倍数表达法、形容词副词修饰语及各种比较等级用法及句型。

这里的阅读对象一目了然，明确定位学生。而“熟读”、“背诵”、“熟练”都能够使学生在学习的过程中较为准确地把握学的程度，具有可测量性。

所以，在学习目标的表述上最起码要做到两点：一是学习目标的叙写应考虑到阅读主体应该是学生，而不是教师；二是要尽量选用那些可测的、能够准确量化考查的词语来表述，诸如“背诵”、“掌握”、“运用”、“描述”、“解决”、“比较”、“归纳”等。

关于学习目标的思考（四）

老师们在预设课时学习目标时，还常常出现目标大而空的现象。比如，“通过本节课的学习，全面提高语文素养，培养创新精神和语文应用能力、审美能力及探究能力”。这个学习目标就显得让人摸不着边际，试想，学生通过一课时的学习就能全面提高语文素养，培养起语言运用等各种能力了吗？所以，大而不当的目标，只能是天空中看得见摸不着的彩云，看上去美丽，可是缺少了“落地”的精神。

实质上，这种大而空的学习目标，往往是把学科的学习目标当成了课时学习目标，是“以大易小”的毛病。学科的最终学习目标是由一课时一课时的培养训练慢慢实现的，学生在学习的过程中不可能一口就吃成胖子，所以每一个学科的每一课时的学习目标的拟定都应该做到具体，这样才能让学生可感可知，在课上方向明确、有的可寻。

下面的学习目标就比较恰当：

例 1：简述孔子的思想主张，探讨孔子及儒家思想对当今社会的影响。

例 2：能判断氧化还原反应中电子转移的方向和数目，并能熟练配平反应方程式，准确进行以电子守恒为主的相关计算。

其实，学科学习目标和课时学习目标存在着层级关系，很多课时学习目标的实现才构成了最终的学科学习目标，千万不要搞乱二者的关系。

用丰富多彩的方式夯实基础

“三模九步”教学模式，第一个模块就是“基础学习”。基础知识是各学科学习中涉及的最基本的定理、定义、公式、概念、词语、句式等等，基础学习则包括对这些基础知识、基本方法、技巧的简单灵活运用。注重夯实基础的目的就是为了使学生对本节学习内容有个大致了解和认识，能抓住本节教学中最基础、最本质的东西，为下一模块的知识拓展或能力提升奠定基础。因此，把对基础的夯实作为导学案编排的一个重要部分，作为课上学生学习的重要内容，也是基于学情的需要，必须要高度重视起来。

应该说在具体的导学案编制和课堂操作过程中，老师们都对基础知识的学习给予了高度的重视，教学也确实因此取得了很大的成效。但是一些老师在夯实基础的处理方式上仍然存在一些问题，比如在编制导学案的时候基本采用选择题、填空题、判断题这几种简单的题目形式，暴露出导学案编制的思路狭隘，对学生的思维训练不够开阔。

我们了解了什么是本学科的基础知识，就要考虑能采取什么样的形式、方法把这些基础知识夯实起来。一定要打破旧有题型的思维定式。老师们可以在熟知的选择题、填空题、判断题这些题目的基础上采取下面一些方式，从而丰富基本知识的呈现形式。可作如下尝试：

1. 采用知识框架、知识树、思维导图、关键词等方式。基础学习模块一般涉及对新授内容的了解和熟悉，学生在通读课本文本内容的基础上，不应只是简单地对照课本完成几个填空或者对名词术语的判断。基础学习就应该让学生对所学内容有一个全面的、深刻的理解和把握，并在此基础上能够灵活运用。之所以采用知识框架、知识树、思维导图、关键词等方式来加强学生对基础知识的掌握，因为这些形式的题目的完成需要学生有一个对知识深入理解、在头脑里进行再加工的过程，实质上是一个知识、技能内化的过程，而选择题、填空题、判断题这些训练题目完成起来通常只需要把课本的内容照搬到导学案上即可，并难以看出知识点间的联系，是一种简单的训练。

2. 可以用思考题、论述题的形式。基础学习并非只是对应着简单的题目，思考题、论述题也可以用来夯实基础，思考、论述的内容可以就文本中的某一重点段落内容，也可以针对一节课所学全部的内容。抓住知识点，题目设计尽量提高学生回答时思考的含金量。

3. 可以进一步打开思路，只提供给学生总体要求，而不给学生提供具体的题目，用这样的方式来加强基础知识的夯实，会给学生更大的自由的空间，能把学习的主动权更好地还给学生。

形式是为内容服务的，打开思路，多措并举，就会使学习丰富多彩，就会使基础知识夯得更实。

例说基础学习与能力提升的关系

“三模九步”教学模式中，基础学习和能力提升是导学案编制和课堂操作中的两个非常重要的模块。

基础学习模块与能力提升模块是紧密相接的两个部分。能力提升模块，是通过学生独学、对学、群学，对前面基础知识进一步深化应用，此环节的目的是对学生进行思维和能力的训练，涉及的题目始终是能力提升的载体。

但是在导学案的编制和课堂具体操作过程中，往往会出现基础学习与能力提升在内容本质上脱节不能一脉相承的现象，基础归基础，能力是能力。造成这样的问题实质上是把导学案看成了一种习题的简单堆砌，把思维的训练和能力的提升简单化为完成一道道题目。

下面的导学案设计中基础学习与能力提升两者之间的关系处理的就非常恰当，以供分析学习：

基础学习（15 分钟）

学法指导：选择题结合常用解题法——排误、抓关键词。快速完成下列各题。

一、判断题：

1. 我国实行的是中国共产党领导的多党合作和政治协商制度。 （　　）

2. 我国宪法规定我国的国体是人民当家做主，与之相适应的政体是人民民主专政。 （　　）

3. 中国共产党与各民主党派是监督与被监督的关系。 （　　）

4. 民族区域自治制度的核心内容是坚持党的领导。 （　　）

二、选择题：

1. 我国宪法规定："中华人民共和国的一切权力属于人民。"我国人民行使国家权力的机关是 （　　）

A. 全国人民代表大会和地方各级人民代表大会

B. 村民委员会和居民委员会

C. 职工代表大会

D. 全国人民代表大会

2. 要正确处理东部地区和中西部地区的关系，东部地区要通过多种形式帮助中西部欠发达地区和少数民族地区发展经济，促进地区经济协调发展。党和国家之所以重视和帮助少数民族地区发展经济，从根本上说是为了 （　　）

A. 贯彻党的民族政策　　B. 实现各民族平等

C. 加强民族团结　　D. 促进各民族共同繁荣

3. 关于各民族共同繁荣与民族平等、民族团结的关系，说法正确的是 （　　）

A. 共同繁荣是民族平等和团结的政治基础

B. 共同繁荣是民族平等和团结的前提条件

C. 共同繁荣是民族平等和团结的物质保证

D. 共同繁荣是民族平等和团结的精神纽带

三、材料题：

1. 材料一：十届全国人大三次会议审议通过了《反分裂国家法》

材料二：2005 年 3 月，十届全国人大三次会议选举胡锦涛同志为中华人民共和国中央军事委员会主席。

分析上述材料分别体现了全国人大的哪些职权?

2. 材料一：胡锦涛指出："要坚持权为民所用，情为民所系，利为民所谋。"

材料二：中共十六届四中全会在北京举行，审议通过了《中共中央关于加强党的执政能力建设的决定》。重视加强党的执政能力建设，并把它作为党的建设的重中之重。

材料三：关于发展社会主义民主政治，党的十七大报告指出"建议逐步实行"。

材料一说明了我党的宗旨是什么？材料二说明了我党的地位是什么？材料三说明我党的哪些执政方式?

能力提升（30 分钟）

一、根据基础学习内容画出本单元知识框架。

二、根据自己对本单元知识的理解，如果你是命题组专家，你会怎样考查大家。方案要具体。

这篇导学案中能力提升的题目内容完全来自夯实基础部分，真正实现了能力的训练和提升来自于基础知识的夯实，两者一脉相承，互为联系，相辅相成，如果没有此，彼也就成了无源之水，无本之木；没有了彼，此也就难以成长为枝繁叶茂的大树。

因此，要按照学校要求编制好导学案，把每一节课上课更精彩、更有实效，我们必须厘清夯实基础与提升能力二者之间的关系。深刻把握"基础"与"提升"两个概念的内涵，基础是保障，是前提；提升是目的，是结果。

“思维训练”的课堂才是“能力训练”的课堂

教学上经常说“夯实基础，提高能力”，这句话喊了很多年，甚至全国各地也都喊了很多年，但是到现在为止，学生的能力到底有了多大的提高？有识之士和教育者仍在奔走高呼“我们学生的思维能力、创新能力仍然难与世界上一些发达国家的学生相提并论”。

很多年来，许多人一直走在一个误区，对能力提高存在着一个误解，那就是要提高能力，只能搞题海战术，多做题、做难题，熟自然能生巧，巧劲都有了能力能不提高吗？工厂里熟练的技工就是这么练出来的。但是，熟练的技工的发明创造能力呢？他们发明创造的产品呢？所以，传统教学中的题海战术充其量只是培养了一批又一批敢于做难题、善于做难题的熟练的做题技工，本质上学生的思维能力、创造能力并没有得到真正的提高。

新课程改革提出要培养全面发展的学生，要提高学生的素质，因此，能力的培养和训练就成为当下课程改革的重要内容。著名课改专家于春祥老师说，如果说实现课堂模式的基本转型是新课堂的第一次革命，那么，实现从“知本”向“能本”的跨越可以称之为新课堂的第二次革命。可见新课堂中“能本”的重要意义。

在我们的高效课堂建设上，经过积极探索，目前也正在由高效课堂的起始阶段稳步向纵深发展，尤其是在导学案的编制上，正在实现着由具体习题题目的汇编向训练学生思维、展示学生个性、培养学生能力的方向转变。新的教学思路的拓展，为学生的课上学习提供了广阔的思维空间，使学生的思维在足够大的舞台上自由地翱翔，学生们为充分展示自己的聪明才智，倾其所有，尽其所能，可以说各小组的展示、点评、质疑正逐步呈现出百花齐放，百家争鸣的良好局面。在思维充分解放的同时，学生的创造能力自然而然得到了相应的提升。

例如，在一次政治巩固展示课上，老师在导学案的能力提升部分编制了这样的问题：

根据基础学习部分的学习内容，结合本节课的主要内容观点，请阅读下面材料，并根据材料自己试编题目，并解答。

（材料一、材料二略）

这样的题就属于开放性的题目，要求只是让学生根据要具体的学习内容进行编制题目、解决问题。这样做就改变了之前学生只能做题、答题的传统做法，把学习的自由、思维的空间充分交还给了学生。试想，学生站在这样宽广的舞台上，各学习小组能不尽情地跳舞，而且还要千方百计地要跳出与众不同的舞姿吗？有句广告词说得好，“心有多大，舞台就有多大”，其实在高效课堂的建设上我们也可以说一句“舞台有多大，学生就会舞多好”！

所以，要想提高学生的能力，首要条件是解放学生的思维，“思维训练”的课堂才是“能力训练”的课堂。

谈能力提升中“学生自己设计问题”

于春祥老师在《发现高效课堂密码》一书中提到“把问题设计的权力还给学生”的观点。他说：“美籍物理学家李政道先生说过：‘做学问，须学问，只学答，非学问。’教师在课堂上要培养学生的问题意识和问题设计的能力。课堂教学的问题设计主要是由教师设计逐步过渡到在教师的启发下由学生设计。要逐步实现由接受型学习向探究性学习的过渡。”

于老师的观点恰恰与我们当下的课堂教学改革中的尝试不谋而合，在能力提升部分老师不再简单的、直接的把具体问题呈现给学生，而是创设一定的情景，让学生联系生活、学习中的现象自己编制问题，自己解决问题，小组成员之间，组与组之间互相解答，相互质疑，从而培养学生的问题生成意识和探究的学习精神，尊重了学生的智慧创造，增强了同学们的学习兴趣，活跃了课堂的学习氛围。

在“把问题设计的权力还给学生”时，要特别注意这样几个问题：

1. 所给问题的情境要相对集中，不能漫无边际，让学生无所适从。一节课的学习内容是比较有限的，能力提升部分一定要针对本节课的学习重点，预设情境或材料对学生的思维、能力进行训练，所以，给定学生探究、思考的生活情境或问题材料一般以两三则、两三道为宜，多则会泛泛，使学生深入不进去。在一次政治课观课中，发现老师让学生设计关于“我国的宗教政策”问题时，老师就提供了五段生活材料，再加上老师的要求不是很具体，结果学生设计的问题不是百花齐放而是千奇百怪，原因就是老师给定的范围太大，一味地追求学生思维的开放，而没有注意到“自由”和“纪律”的辨证关系问题。

2. 对于要求学生设计的问题要有一定的提示和具体的要求，如果只是还权力给学生，而缺乏具体的提示和学法指导，学生不仅很难运用好手中的权力，甚至还会造成权利的泛滥。所以不能只是简单的提供题目或材料让学生设计问题，更应该预设过程中的困难，引入提示或指导。例如地理课上的一道问题设计题：

根据本节课的学习内容，分析下面这幅图所反映出的问题，自己编制一道题目，比一比看谁编制的最好。

提示：先看图中反映的是什么问题，再根据问题找到课本中对应的知识点，比如，灾害发生的地点、产生的原因、解决或防治的措施、产生的危害有哪些，我们人类应该怎样做等等。

3. 问题设计确实要有值得探究的价值。探究是新课改理念下学生学习的重要方式，有探究性问题的提领，学生才会感觉到课堂上的兴趣，就像白开水与茶水一样，失去了探究的课堂只能是白水一杯，索然无味。所以在给定题目让学生设计问题的时候要特别注意问题的设计不是简单的、直白的，需要学生对所学知识进行大脑的再现、整理、判断、加工等过程，让学生能够在问题设计过程中体会曲径通幽的快乐，体验知识运用过程中的喜悦和享受设计成果的幸福。

4. 要对学生设计出的问题有评价。在课上设计出的问题能够解答了，这只是完成了设计问题的一个重要的环节。解决之后还要对所设计出的问题进行评价，哪怕是三言两语，也是对学生劳动成果的认定和评判，这个评价既要包含优点也要包含不足，这样做便于逐步提高学生设计问题的水平和能力，找准以后的努力方向。当然，评价可以是学生的评价，也可以是老师的评价，没有评价的过程在学习效果上会大打折扣。

基础学习环节文本材料过长怎么办

我们现在的高效课堂，在基础学习部分的时间一般都安排在 15 分钟左右。在通常情况下，15 分钟的时间，学生从对学习内容的接触到根据导学案的要求进行独学、对学、展示、巩固等环节，基本能够完成。但是，在实际学科操作过程中，遇到了一个具体的问题，就是当文本材料过长时，学生仅根据导学案要求阅读文本，就需要很长的时间，这样就造成了 15 分钟左右的时间，不能完成导学案中基础学习部分或者完成得不充分。因为导学案中各个模块时间的限制，后面的能力提升、当堂检测部分完成起来时间上就会显得捉襟见肘了。

那么，怎么解决这个问题？应该树立两个观念：一是教材整合的观念，二是灵活处理导学案编制内容的观念。教学的文本材料是死的，但是教师的思想认识、处理问题的办法是活的。

“教材整合”观念的树立就是要求老师们在学生对文本学习的过程中打破章节界限，比如一章节的内容可以分成几个小的章节，这叫分而治之；还可以把几个章节的内容综合在一起，根据学情的需要进行去粗取精的整合，这叫和而治之。不管是分而治之，还是和而治之，目的都是为了保证学生在预定时间内较好的完成文本的阅读，并能根据导学案的要求进行独学、对学、展示、巩固。完成了这一步似乎还存在疑问，文本材料整合了，那么怎么根据课堂教学模式处理文本材料，就需要做第二步的深入研究，就是灵活处理导学案的编制内容。在一般情况下，导学案中的三个模块基础学习、能力提升和当堂检测，基础学习部分指向的是文本材料中最基础、最本质的内容以及对这些知识的简单运用。能力提升部分是通过学生独学、对学、群学对前面基础知识进一步深化应用，是学生思维的聚散、能力培养、智慧的绽放、风采的展现。但基础和能力并没有绝对的界限，这样我们可以在基础学习部分挖掘学生能力培养的问题，在能力部分夯实基础的学习。所以在导学案编制的时候，就可以这样做，把前后两个课时的导学案进行整合分编，分开后导学案的形式当然是不能变的，一节课的导学案侧重文本中基础的学习，一节课的导学案侧重能力培养。比如说，第一节课的导学案，假如文本材料过长的需要很长的时间阅读，那么在基础学习部分就可以设置这样一些问题，“阅读文本，用红色笔勾画出你认为的一些重要的知识点、定理、定义、公式”等等；还可以这样要求，“把你阅读文本过程中重要的知识点用关键词等形式概括出来”。在能力提升部分学习目标还要指向文本材料，这样就可以在前面学习的基础上提出这样的问题，如“用思维导图、知识树、图标等形式构建本课时的知识框架”，针对文科学科来说还可以设置一些背诵的题目。

对于第二课时的导学案，可以在第一课时的基础上，进一步深化对文本材料的学习，在基础学习部分，设置一些对相关基础知识应用的一些简单题目，在能力提升部分再加大一些思维的容量和能力的提升训练。这样一来达到前一节课重基础学习，后一节课重能力提升，两节课时间相互平衡的目的。

基础学习环节要避免投机取巧

今天听了一节政治复习课，课上需要学生阅读的文本材料比较长，大概有七个页码。有些担心老师会如何让学生阅读文本材料，进行知识提炼、总结和归纳，是不是会出现在阅读文本上走形式走过场的现象。果不其然，学生根据导学案中的学法指导，在几分钟内就把这一专题的知识脉络呈现在了展示区域，也就是说，学生们根本就没有充分阅读文本，而是把材料中的一些条条框框展示在黑板上，满足了展示的要求。学生没有充分地阅读文本内容，只是为了展示而展示，忽视了对文本的真正学习，这是我们高效课堂所追求的“高效”吗？

对于文本材料，学生只有认认真真地读，才能深入地思考，才能运用自己的能力和智慧实现去粗取精、把握精髓的目的。可以说阅读文本是学习发生的基础，没有了这个基础，学习就成了无源之水，无本之木了。出现这种课堂上对基础学习材料投机取巧的处理，通常是由于文本材料过长，展示要求单一导致，因此要对症下药。可作如下尝试：

1. 把较长的文本材料简单地分成两个部分，每一部分都按照我们的九步流程去编写导学案和引导学生学。这样就避免了阅读文本时间过长，造成课堂沉闷的现象。但是需要指出，因为把一个专题的内容分成两节课来处理，还要在第二课时中设计一些能让学生把握整个专题内容的思考题目，以达到学生对这个专题知识的整体把握。

2. 把较长的文本材料，分割成两三个部分，每一部分都可以作为一个独立的学习单元，分别对其进行基础学习环节操作，这样虽然在基础学习部分用的时间长一些，但是能够保证学生对文本阅读的充分，避免一次性阅读的沉闷。对于分割后的几个部分，根据我们平时导学案的编制方法，灵活处理每一部分的学习内容，指导每一部分的学法指导，编制每一部分的思考题目，比如，可以让学生对其中一部分勾画出知识脉络，对另一部分提供几个思考性题目，对第三部分编制一些训练题目等等，总之形式要多样，不能千篇一律，如果各部分的处理方式一样就会降低学生的学习兴趣。这样虽然在基础学习部分用了比较长的时间，但能够促使学生对文本学得更充分更扎实，是值得的。

教学的困惑浅析

高效课堂就其长远目标来说是为了孩子们的终身发展奠基，但以现在的教育生态，成绩因其直观性和功利性，仍然是人们视线的焦点。“成者王侯败者寇”这是中国传统文化中流传了千年的古训，人们一旦看到改而不得，劳而不获，就会心生抱怨，就会自我否定，甚至转而咒骂课改，当了新课改中的叛徒，此种种心态都可以理解。

在我们的课改过程中，虽然教学取得的成绩不小，但是困惑仍然很多。尤其是数学、物理等理科教学，曾因既得成绩不理想，课改推进有困难。要解决这些问题还是应该从我们的教育教学理念和具体操作方法上来反思，怨天尤人毫无用处，作深刻的内省才是取得成功的路径：

1. 基于学情的教学仍然只是停留在思想上。思想要和行动统一起来，才是事情成功的关键。老师们都懂得要针对我们的学情进行教学，按照学校要求夯实基础、注重课本例题、习题的理解，考查的变形和灵活运用。但事实上，课时学习任务仍然不能完成，课上实效性仍然很差。为什么？究其原因，还是学情调查出现了问题。许多老师仍然是一厢情愿地认为学生应该会什么，不应该会什么。这些老师在编制导学案时，清楚要考虑学情因素，但学情的实际情况其实并非经课堂调查而来，以致出现偏差。因此，要拿出魄力，在教学内容上大胆割补，灵活运用现有的教材，把理念真正落实到教学实践中。

2. 教材整合力度不够。我们一直提倡对教材的整合，整合的目的就是降低教材的密度、难度，搭建符合学生认知特点和学科认识规律的结构，更好地体现新的教学观念和教学方法，使学生更容易地接受学习内容，收到事半功倍的效果。针对我们的学生，在教材整合上更应该注重删繁就简、去粗取精。如果只是抱怨学生在学习习惯的养成、学科思维方式、学科学习能力上的不尽人意毫无实际意义。

3. 过于重视进度而忽视质量。在质与量的关系上我们一再强调，质始终是第一位的。可是有些课堂不考虑学生的学习效果，一节课下来，学生匆匆忙忙完成了导学案上的内容，但是仔细分析，从基础学习、能力提升到当堂检测每个模块都如过眼云烟般在学生的头脑中一闪而过，学生理解不深刻，思维不透彻。学生展示、点评就题论题，一切都如蜻蜓点水般轻描淡写，更谈不上那种场面热烈的质疑、对抗以及知识的生成。一切都是浅层次的，浮躁的，学生的学习效果会理想吗？因此，厘清质与量的关系，让进度服从质量才会取得教学所要追求效果。

注重课本内容学习，追求课堂高效

高效课堂教学模式主张在新的教学理念下通过自主、合作、探究等学习方式，追求单位时间内学习效益的最大化。经过两年的课程改革与实践，我们确实感受到了高效课堂的教学理念、教学模式给课堂带来的变化，给师生生命状态带来的变化。

学生在导学案的引导下，不断增强思维的训练、能力的提升、智慧的形成以及创造性人格的培养。老师们把导学案的精心编制作为对教学深刻的研究体验，从中发现并享受着工作、生活的乐趣。然而在教学中发现，有些科目在导学案的编制过程中出现了舍近求远，舍本逐末的做法，具体表现在抛开课本，盲目去课外的教辅用书、网络资源等方面寻找适合学情的题目。其结果往往是学生解决了课外的东西，但是对课内的东西却感到极为的陌生甚至束手无策。这无异于丢掉了眼前西瓜而非要跋山涉水去远处寻找芝麻，得不偿失。

“本者，源也。”教材作为学科知识和技能的体系，既反映了学科的性质和发展规律，又是课程的具体化形式，体现着培养目标所要求的学习内容。它不但是教师教学的主要依据和教学工具，而且也是学生所学知识的主要来源和技能练习的主要指导。它是教师教育教学的蓝本，是学生掌握知识与方法技能、培养情感态度价值观的基本材料，它在教育教学中起着不可替代的作用。所以必须把对课本内容的学习高度重视起来。

为什么我们的老师们喜欢到课本之外苦寻题目？我想这仍与老师对学习的认识有关。因为传统教学思维的影响，在一些老师的思想认识中，认为学习就是做题，题海战术是提高学习成绩的制胜法宝，课堂上没有了具体的训练题目，便感觉没有实质性的收获。在这种“题本位”思维的驱使下，课堂自然会充斥着数不尽的习题、各种各样的难题怪题，课本上的正常题目反倒被打入了冷宫。这种做法不仅加重了学生的学习负担，同时因为忽视了课本的学习而忽视了基础的夯实。毫无疑问这种“题本位”的教学思考方式肯定会局限学生的思维的发散、能力的形成。学生的学习质量的高低绝对不是由做题的多少来决定的。让学生在具体情境中学习体验、感悟生成，让思维得到发散才是能力提升的途径。

从课堂流程上来说，如果丢开了课本，一味地寻找课外的东西，首先基础学习部分就很难达到的预期效果，基础夯不实，学生没有了基础如何能建立起学科的知识体系和深入的学习？其次，因为课本内容相对基础、简单，这就更适合于牢固掌握知识点，对基本知识的牢固掌握比生吞活剥解怪题更重要，好高骛远是教学中应该力戒的做法。

万丈高楼平地起，没有基础的深刻学习，谈不上能力的形成，在导学案编制的过程中，在引导学生学习的过程中，针对面对的学情，老师们还是应该先把我们手心里的东西抓牢，切莫舍近求远，干些脱离课堂实际的事。

第四章

课堂流程重细节

高效课堂建设绝不是一项单一的工作，而是一项综合的工程。学习小组的建设，导学案的编制与使用，自学、展示、反馈等环节都是高效课堂流程中的重要因素，每一个因素都可以作为一个具体的课题去探索研究。

“三模九步”教学模式从整体框架上关注了课堂学习的模块和操作的流程，是流程的形式。形式的成功构建并不等于课堂教学就已经高效。

“细节决定成败”，在具体教学实践中，每一个细小的环节都给新课改下的教师、学生提出新的挑战。正如把一颗颗珍珠串在一起才能成为一挂精美的项链，课堂的细节就是这样的一颗颗珍珠，一颗珠子有瑕疵就会影响整串项链的价值。追求课堂的高效就要妥善合理地处理好这些课堂的细节之处。

学习目标的解读要讲实效

课时学习目标简而言之就是在学习过程中一节课应该实现的目标。因为“设计课时学习目标是教师设计导学案的第一要务和基本前提”，所以每一位成熟的教师都会重视学习目标的设计。但是，值得反思的是，设计好了课时学习目标，学习目标就真正起到了引领同学们把学习之舟划到彼岸的作用了吗？

这就涉及如何让学生深刻理解学习目标，如何解读学习目标的问题。尽管在教师的培训中再三强调如何解读学习目标，但在实际课堂操作中发现，仍有许多老师对课时学习目标的解读并没有真正深入到学生的内心，并没有使学生充分地理解一节课应该掌握、理解的内容。而其中重要原因就是老师们在解读学习目标的时候形式刻板，方式单一，缺少学生的参与体验的过程。而且，学习目标的解读恰恰处于一节课的开始，学生的精神还没有完全集中的课堂上，乏味的解读，甚至压根不重视解读教学目标，效果自然不好。

那么，学习目标应该怎样解读呢？解读学习目标的原则，一是应该让学生参与进去，二是解读的形式要丰富多彩。具体分析如下：

1. 高效课堂的理念就是要让学生参与、体验学习，学习目标的解读既然作为一课时中的一个重要的学习环节，也同样应该让学生成为主体。美国华盛顿图书馆的墙上有一句著名的话：“我听见了就忘记了，我看见了就记住了，我做了就理解了。”课时学习目标的解读不就是为了让学生理解、内化吗？所以，尝试着让学生去体验，去“做”，才能真正让学生理解、内化课时学习目标。

2. 课时学习目标的解读形式要丰富多彩。任何事情完成的方式都不是唯一的，习惯于千篇一律时，也就僵化了解决这个问题的思路。解读学习目标也是这样，在课上老师们对学习目标的解读都是千篇一律地用语言阐述，不论这节课的学习目标呈现在导学案上，还是呈现在多媒体的大屏幕上，总之是老师用自己的语言去阐释。其实，完全可以借鉴学习过程中的各种学习形式来进行。比如，第一，可以通过用例题的形式来解读，有些学习目标是很抽象的，要想把抽象的要求变成形象的要求，光靠语言的表达往往是不够的，此时，可以借助具体的例题来具体表达在学习这个知识内容上应该达到的要求。第二，可以通过学生展示的时候常用的写关键词、图表、知识树、思维导图、知识框架图等各种形象、直观的形式解读学习目标，这样不仅能让学生明确目标，更强化了学生对本节知识结构的印象。第三，如果时间允许的话，还可以通过小组讨论、展示的形式来加强学习目标的解读。

解读学习目标，是一节课的开篇，开得正确、有力度，才能使这节课的学习直击目标，进而达成目标、突破目标。

让独学、对学相得益彰

“独学、对学、群学”是高效课堂最基本的学习形式。尽管都在课堂上按部就班地操作着，但是很多老师对三者之间关系的理解似乎很肤浅，没有充分认识到三者的不同作用和内在的联系。近日，读了余文森教授的《深度解读杜郎口一文》，深感高效课堂建设误区正来自教师的知其然不知其所以然！

根据余文森教授的观点：独学应该解决基础问题，对学、群学合作学习解决对学科知识的进一步学习提高的问题。独学是对学、群学的基础，对学、群学是独学的深化和提高。没有独学做基础，对学、群学就会成为水中月、镜中花，成为没有基础的空中楼阁，学科的基础知识就不能得到夯实；而对学、群学这种合作学习旨在解决独学过程中个体学习无法解决的疑难，通过小组讨论，相互启发，达到优势互补，共同解疑。

比照余文森教授的观点衡量实际的课堂建设，在安排独学、对学、群学环节的时候，教师是否充分考虑了它们的目的性？在课堂把控上，教师又对独学、对学环节有哪些常见的失误？

独学，旨在培养学生独立思考的精神，自主学习的能力。一个学生是否在课堂上取得学习的效果，能否感受到学习的收获和快乐，关键在于这一环节。“任何课堂都需要学生个体独立的静悄悄的阅读和思考，这种阅读和思考越充分、越有深度，小组的交流和互动才会越有质量。”假如只是把独学环节简单的作为一种课堂的学习形式，而为了追求课堂上所谓的热热闹闹，就会出现“学生因急于展示和互动而忽略学生个体对文本的深度的解读”，从而造成学习效率的流失。

独学是静态的，对学、群学是动态的；独学是深入的，对学、群学是提升的；独学是纵向的，对学、群学是横向的。

对学简单地说就是两个孩子之间就学习过程中遇到的问题合作、探究、互相帮扶，本质是一种兵教兵、兵练兵、兵强兵的学习方式。对学，对于培养们孩子们之间的合作意识，相互帮助、互相监督的意识有着十分重要的作用。美国教师罗杰·约翰逊说：“小组的规模越小，学生越不会偷懒，越不容易产生搭便车行为。”所以针对学习合作伙伴这个最小的学习合作组织来说，对学在学习过程中有独学、群学不可替代的作用。因此我们在学习过程中一定要特别注意把“对学”这个学习环节高度重视起来。

但是在实际的课堂操作过程中很多老师都忽视了对学这一活动，尽管有对学环节，学生们做起来却是蜻蜓点水，浮光掠影，起不到对学应有的作用。

究其原因，主要是老师在教育理念上没有把对学的作用高度重视起来，尤其是对学这一环节一般安排在独学与群学之间，所以，在具体的课堂操作上就更容易因为独学、群学的存在，造成对学环节的淡化。受课堂时间的限制，在有限的间内师生重视了此，往往也就忽视了彼，而作为在夹缝中生存的对学环节，被忽视掉也就不足为怪了。因此说，很多课堂只是把对学悬浮在空中，而不是扎根到泥土里。

事实上，对学的作用不容小觑。第一，对学可以互教，当两个人之间，你有疑难时，我可以教会你；我有问题时，你也可以教会我，这也就是取长补短。第二，对学可以互议，对学习过程中遇到的困惑，当两个人都不能顺利解决时，就应该凑在一起议一议，两个人之间开诚布公的议论，就很可能互相启发，相互促进。第三，对学可以互查，老师们面对的是几十个孩子，在学习过程中不可能把每一个孩子学习的结果都亲览亲阅，但是，在高效课堂中每一个同学都可以变成老师的小助手，对子之间互相检查，或背诵，或书写，老师很快就会掌握全班同学的学习情况。第四，对学可以互管，对子同学之间不仅仅是学习上的关系，还可以互相监管，当你课上不用心的时候，我就应该提醒你。不是所有的问题老师都能洞如观火的，但是对子之间的相互督促、相互砥砺就等于给我们的老师们装备了电子眼。

“独学”和“对学”都是重要的学习形式，教师需要对照自己的教学探索怎么样把这两个环节变得有实效，而不是受时间的限制相互挤压，最终导致课堂效果大打折扣。

合理展示，创造课堂精彩

充分利用独学结果进行展示

独学是高效课堂的重要学习环节，是学生深入学习和展示交流的基础，是一节课中学习是否有成效的决定因素。因此，把握住了独学环节，也就抓住了本节课学习的基础。

小组展示，是经过独学、对学、组内群学之后小组共同的学习成果的发表，是小组成员在学习过程中存在的疑难、困惑的暴露，更是小组成员集体思维的体现和智慧的创造，可以说，通过小组展示，提升了独学的学习高度，解决了独学时存在的问题，是独学环节的“上层建筑”。

根据课堂操作流程来看，一般在独学环节，老师都安排尽可能多的同学到展示区域进行独学，这样虽然课堂秩序较传统课堂有些“乱”，学生在黑板上的书写速度比在导学案上书写慢，但这样操作，学生更能把全部精力投入到学的过程中。

经过独学之后，在展示区域就会形成很多不同的学习结果，接下来，老师就要带领同学们进入对学以及小组群学阶段，经过小组内的群学，形成本小组统一的学习结果。但在具体的学习过程中，在这两个环节交接处存在一个不容忽视的问题。小组因为要以某一个相对较好的同学的独学结果为基础形成本组同学的统一学习结果，所以有些同学就毫不犹豫地把经过自己努力才生成的学习结果擦掉，在黑板上再也看不到独学的痕迹。这样，虽然仍不影响本小组的学习结果的呈现，但是在小组群学过程中，缺少了同组成员之间的评判和借鉴。当学习的结果缺少了评判和借鉴的话，那么这个学习结果在展示意义上就大打了折扣，并影响抹掉学习痕迹同学进一步学习的动力。

仔细分析这些迅速擦掉自己学习结果的同学的动机，一是，感觉自己的学习结果呈现不理想，怕别人看到自己的短处，是一种护短的行为，不理想的原因主要是自己在独学环节没有学得通透；二是，缺少批评和自我批评的精神，害怕别人指出自己的毛病；三是，没有意识到群学是一个集体智慧的呈现，似乎采用了别人的学习结果，这个群学就与自无关了，事不关己高高挂起，逃避学习的责任，缺少合作的意识。

所以，老师要给以正确的引导，让学生敢于暴露问题，直面问题，并且明白小组群学的结果必须是建立在每一个成员的学习基础上，汲取每个同学的长处，弥补不足，展示是小组集体的智慧。

学习小组展示“去主持人化”

“去主持人化”，这个概念针对的是学习小组在展示学习结果的过程中，总像运用公式一样按部就班，约定俗成似的走一些不必要的形式、过场，这不仅造成课上时间的浪费，而且也显得小组展示时缺少了自然、大气、一气呵成的感觉。

在高效课堂建设的最初阶段，为了使小组成员有一定的展示思路、展示方法以及注意到展示时应该注意的问题，我们给出了一些小组展示时的规定，诸如，主持的同学开始先介绍，“大家好，下面由我们组展示……”然后小组同学鱼贯上场，小组成员展示结束后，主持同学再说“我们小组展示完毕，请其他小组同学补充质疑”等等一系列程序化的说辞。这些规定，在课堂建设初期确实起到了规范同学们展示的作用。但随着课堂建设的不断推进和深化，更应该追求课堂上的自然流畅、大气磅礴，让课堂的每一个环节都去掉斧凿的痕迹，环环相连，节节相扣，小组展示如行云流水，一气呵成。

因此，在小组展示时可以去掉主持人，展示时直接介入到问题的本质，小组成员“你方唱罢我登场”，从不同的角度、不同的侧面亮出本组同学的学习结果，展示本组同学的智慧。

对展示环节的再认识

“展示”是高效课堂的重要环节，“展示即发表，展示即提升，展示即暴露，展示即创造”。如果高效课堂中失去了展示的环节，那么课堂也就变成了死水，消失了生命和活力。

课堂的展示要注意以下几个方面的问题：

1. 注意展面的形式美

一个问题的展示可以是展示问题的结果，解决问题的关键点，解决问题的注意事项，由此问题拓展、衍生出的其他知识，以及学生在此问题中存在的困惑等，或者兼而有之。因此，这就要求展示的同学要特别清楚，展示绝不是把展示的内容胡乱堆砌在黑板上，使其他同学如坠云里雾里，不知所云，而应该合理安排好自己的“自留地”。正确的解题过程写在哪里，存在的困惑写在哪里，解题注意的问题，生成的新知识写在哪里，应该注意的重点问题写在哪里等，所有展示内容的布局都应该全盘考虑。展面是否合理美观，同样反映学生的思维是否清晰、严密、流畅，是对学生思维的又一种训练。在展示过程中绝不能只为展示解题的结果而展示，教师要本着多角度、全方位的训练原则，提升学生的思维品质。

2. 展示要注意规范表达

书写是规范表达的第一个问题，展示的同学书写要清楚规范，同时要注意双色笔的使用，把展示题目中的一些重点部分，解题的关键点等用彩色粉笔标示出来，以便引起同学们的注意。其次解题的过程要规范，展示绝不是只把解题的结果杂乱无章随心所欲地呈现在黑板上，要特别注意在有限地空间内如何确保解题的规范性。文科题目的语言表达要顺畅，文字要简练，观点要明确。理科解题时不脱步、不跳步，公式、定理运用要准确。

3. 要注意时间与效率的关系，争取有限时间内效率的最大化

一节课的时间是有限的，一节课的学习效率必须有保证。有些展示内容可能会多一些，如果学生不分重点的把需要展示的内容写在黑板上就会占用大量时间，从而造成课堂时间不够。因此应该帮助学生用更简便、更快捷的方式展示学习成果，如关键词、思维导图、知识树、知识结构等多种展示形式的运用。通过这些形式的展示，既可以展示学生的学习成果，同时也可以展示学生的思维过程。这些展示方式的运用常会取得事半功倍的效果。

课堂展示的三个境界

展示是高效课堂的重要环节，是师生生命状态精彩的呈现，是老师画龙点睛的智慧之笔，是学生对学科知识的深度思考和体验，是师生互动、生生互动过程中质疑和生成的舞台。展示在高效课堂上具有其他教学方式、教学手段不可替代的作用。

展示可以分为三个层次，一是展示学习的结果，即展示问题的正确思路、正确答案。二是展示学习过程中的困惑。三是展示学习过程中的创新点、生成点。三个层次体现了学生学习过程中的不同的深度和广度，尤其是思维的深度和广度，同时，不同的展示层次也决定了课堂的不同学习效率，决定师生对教与学的幸福和快乐指数体验的深浅。

展示学习结果，即展示问题的正确思路、正确答案。这是学习过程中的一个较浅的层次，用“见山只是山”来形容可能更为合适一些。学生在课上只满足于完成导学案中的具体的题目，满足于把老师所指定的题目做完、做对、做好。展示的时候按照平时老师的要求从读题、审题、解题思路、解题方法、注意问题、关键点等不同角度进行展示，这一层次的展示尽管基本完成了本小组所分担的任务，但是其思维的局限性很大，并没有达到由此及彼，由点到面的知识的拓展和联系，本质上仍然没有摆脱知识本位、题目本位的藩篱。

展示学习过程中遇到的困惑，这是比单纯的展示学习的正确结果较深一层次的学习，这种展示“见山不是山”，但更主要的是展示了在登山过程中所遇到的困难，是一种类似于“昨夜西风凋碧树，独上高楼，望尽天涯路”学习的境界。当一个小组能够把在学习过程中的困惑展示出来的时候，说明他们已经较为透彻的把握了导学案中的题目哪些会做，哪些不会做，明白了还有哪些地方需要提升，需要与老师、同学交流、探究。把遇到的困惑展示出来并加以解决，才能真正使学习迈向融会贯通、举一反三的地步。

展示学习的创新点、生成点。这才是课堂展示最亮点，是由此及彼、由点到面，举一反三，学习思维全面贯通，跳出题目学知识的最高境界。有了创新点、生成点，课堂的容量会无限制的增大，思维会在相互启发，共同思考和探究中得到较为充分的发散，能力也会在创新、质疑、生成、对抗中得到提升，进而打造出极力追求的智慧的课堂。“创新，是人类最美好的行为，是推动人类文明历史不断向前的最重要、最高尚的行为，是人的能力中最重要、最宝贵、层次最高的一种综合能力。”作为高效课堂的建设者，培养学生的创新意识、鼓励学生大胆创新、智慧生成，是每一位老师义不容辞的责任，也是创造精彩课堂不能忽视的责任。

关于课堂质疑的认识

所谓质疑，就是在学习过程中向别人提出问题，请人解答。质疑不仅仅在于明辨是非，找出问题的答案，更主要的是培养学生发现问题、思考问题、解决问题的能力，培养学生独立的人格和创造性思维，实为国家民族发展之大计，因此需要真诚地呼唤课堂上的质疑。

有老师毫不客气地打断那些自认为价值不大的课堂上的质疑，实质上是传统的教育教学思想在作怪，在新课改的大背景下还没有完全脱离传统教育教学观念的束缚。此时的教师仍然关注的是自己的“教”，而不是学生的“学”。老师之所以要打断课堂上学生课上意义不大的质疑，毫无疑问，是因为学生的质疑，占用了课堂上的时间，打断了老师的预设程序，拖延了老师的课堂进度，是课堂上的节外生枝，因此必须要打断。殊不知，这样便也就扑灭了学生创造思维的火花，扼杀了学生学习的激情。在新的课改理念下，一个全新的教师就应该本着一份宽容、理解、尊重和信任的心情去对待每一个学生，再聪明的学生也不可能每次都能在课堂上直扑目标，亮出准确的答案。新课程改革下的课堂，必须关注学生的“学”，一切以学生的学为出发点，要让学生学会、会学、想学、乐学。如果当我们的老师一手把学习的自由、思维的自由、创造发现的自由还给学生的时候，另一只手却拎着大棒伺机扼杀学生的“学”，那么这样的高效课堂不仅不能称之为高效，而且仍然是在“扼杀”甚至是“造孽”。因此，要想真正要让学生体验到学习的幸福和快乐，就首先保护学生学习、思考的积极性、尊重学生敢于质疑的精神。新课堂应该是让每一位老师在全新的教育教学理念下充分调动学生学习主动性，激发学生的学期热情，放飞学生的思想，使之品尝学习的乐趣。

要充分认识课堂上的质疑价值所在。古语有云：“学贵有疑，大疑则大进，小疑则小进。”作为高效课堂中的学习的高级阶段，只要是学生能够质疑，就说明他在认识、在思考、在判断、在创造。如果因为学生的认识、思考、判断、创造，不能合乎老师预设的思维轨道，便一棍子打死，这样也就失去了课堂的灵魂，失去了热切盼望的“生龙活虎，争先恐后，欢呼雀跃，生机盎然，余味无穷”的局面。质疑的价值远远不是得出正确答案而已。试想，如果采煤工人在采煤掘进的过程中一不小心遇到了金矿，面对黄灿灿的金子，采煤工人应该停止挖煤开始掘金，还是视而不见，确保挖煤进度的完成呢？这个问题不言而喻，不答自明。有质疑的课堂才能做到从知识本位到能力本位层面的突破。质疑是真正的学习开始，是能力培养训练的发轫。因此，为了创造课堂的精彩，为了展现学生们敏锐的思想，请老师们理解、尊重学生的质疑。

高效课堂建设一定要本着进度服从质量的原则。什么是质量？质量不仅仅体现在学生对知识的掌握上，更主要的应该体现在为学生的终身发展奠基上。教学，不能为进度而进度，一定要让进度服从效果，给学生充分展示的机会，让学生在对学习成果的展示、在对问题的思考中发生思维与思维的碰撞，从而使年轻的生命体现昂扬向上的状态。中国教育的历史已经告诉我们，学生们的创造性思维被扼杀得太多。放眼世界，面对风云变幻的国际社会形势，是应该培养温顺听话的绵羊，还是有思想、有创造精神的全面而有个性发展的“人”？钱学森的世纪之问“为什么我们的学校总是培养不出杰出人才”，已经给每一位教育工作者敲响了警钟。质疑从小处着眼是为了孩子们终身的发展，从大处来看就是为了民族的振兴、国家的未来。如果依然用教学进度的苑囿去禁锢那些鲜活的思想和生命，无异于主人驯服绵羊不允许走出羊圈半步，那样羊们永远也享受不到肥美的鲜草和甘甜的泉水。钱学森说："培养杰出人才，不仅是教育遵循的基本原则，也是国家长远发展的根本。"

还是牢记爱因斯坦说过的一句话吧："发现问题比解决问题更重要。"

课堂生成应该深化和丰富

“生成”是高效课堂中的一个重要的教学概念。那么什么是课堂上的生成？余文森教授指出：“生成，从生命的高度来看，每一节课都是不可重复的激情与智慧综合生成过程。从心理学角度看，课堂生成往往表现为‘茅塞顿开’、‘豁然开朗’、‘悠然心会’、‘深得吾心’；表现为‘怦然心动’、‘浮想联翩’、‘百感交集’、‘妙不可言’；表现为心灵的共鸣和思维的共振；表现为内心的澄明与视界的敞亮。从生成的内容来看，课堂生成既有显性生成，又有隐性生成，显性生成是直接的、表层的，隐性生成是间接的、深层的。从生成的本义来说，生成主要指隐性生成，隐性生成最具有发展的功能。从生成主体来看，课堂生成有学生生成，也有教师生成，即课堂教学不仅要成全学生，也要成全教师，课堂教学要成为教师自我提高、自我发展、自我完善、自我实现、自我欣赏的一种创造性的劳动，这是教学相长的真实写照，也是师生人生幸福的共同源泉。”

余文森老师从不同角度阐释了生成的内容及其重要意义。反观实际的课堂建设，尽管一直在提倡课堂的生成，也试图去努力发现、鼓励课堂的生成，但是，从课堂实际表现结果来看，不少课堂对生成的理解仍然停留在粗浅的层面，狭隘地认为课堂生成就是生与生之间，师与生之间课堂上临时提出的一些互动性的问题，以避免小组成员单一的展示或者老师自己滔滔不绝地讲授。因此小组在展示的过程中，向其他小组提出一个问题，要求其他小组的同学回答，或者老师提出一个问题要求同学们来回答，尽管这些问题确实都是临时生成的，但是流于肤浅形式，从本质上来说并没有起到点燃生命激情、展示创造智慧的目的，也没有达到师生“怡然自得”的学习状态。

高效课堂是一个开放性的课堂，其与传统的课堂的本质差别就在于，传统的课堂是根据老师预设进行教学的一种线性的课堂，而高效课堂更注重的是临时生成，是一种特别关注学生的“学”的开放性的课堂。因此，在课堂中要鼓励师生在互动中即兴创造，以超越预设的目标和程序。每一节课都应该是“不可重复的激情和智慧相伴生成的过程，都应该是让学生尽情绽放自己思维感受的过程，而不应是预设的一成不变的僵化程序的完成”。这样的课堂才能是充满激情的课堂、欢呼雀跃的课堂，才能是“知识的超市、生命的狂欢”的课堂。

打造具有有价值的互动生成的课堂，所谓有价值的生成，应该是想其他小组、其他同学所未想，应该能够发现其他小组、其他同学所未发现，能够使提出的问题启发同学们的思考，引起同学们的共鸣，从而激起所有学习成员的探究欲望和热情，把每一个学习成员的思维引领到一个更高、更深的思维境界的过程。从生成的内容上也绝不仅仅就是简单地提出一个问题等待其他学习成员回答。除了相互问答之外，也可以考虑让其他同学参与本小组的学习成果的展示，还可以是老师根据同学们的学习情况创设出的利于探究思考的问题。总之高效课堂上的生成不应该是单一模式的、一成不变的，要让课堂的生成变得丰富多彩、趣味横生。课堂学习是一种生命状态，生命是需要发现和创造的，有了充分生成互动的课堂，才能充满师生智慧的挑战，才具有浓烈的生命张扬的气息。

当然，老师在课堂生成中起着至关重要的作用。学生的知识水平，决定了课堂生成难免存在一定的偏颇、缺陷乃至失误，这时就需要教师适度发挥主导作用，给予学生有效的引导和点拨。对于学生生成的富有创意但陈述不清的思考，教师应采用简要概括、重点强调等方式让全班学生清晰地感受这一生成性资源的优势所在；对于学生生成的单一的信息，教师可通过追问补充的方式让思考“向青草更青处漫溯”；对于学生生成的偏离方向且存在错误的信息，教师则应通过辩论纠错、反思纠错等方式引领学生回归符合学习要求和道德倾向的正确轨道上来。假如教师的作用仅仅是停留在学生原始的生成资源上而不给予即时引导点化，那么，课堂生成的丰富价值将会大打折扣，严重的还会对学生学习产生误导。

“人是不可限定的，教育不能限定人，只能引导人全面、自由、积极地生成。教学过程不是教师对学生的单向的‘培养’过程，而是师生交往、互动的过程，学生不是作家笔下被动的小说，不是画家笔下被动的图画，也不是电视电影面前无可奈何的观众，更不是配合教师上课的配角，而是具有主观能动性的人。”因此，学生生成的“奇谈怪论”，更是对教师理念与智慧的挑战。

课堂教学是一个动态的不断发展推进的过程，一个充满生命活力的课堂，需要教师在围绕课堂学习目标的基础上，充分发挥自己的聪明才智，把握学生的学习状态，以灵动的教育智慧捕捉课堂生成的契机，并防止学生在互动生成中错误观点被传播，和学生一起学习、成长，抵达教育幸福的彼岸！

课堂评价三步跨越的思考

高效课堂建设以来，师生们在教学改革感受到了的工作、学习的幸福和快乐，收获了巨大的进步，也在不断地接近课改的真谛。单就课堂上对学生个人、对小组的评价而言，就经历了三个阶段的变化。

第一阶段，初始阶段的评价。采用五分制的评价标准，根据学生个人的课上表现，包括学生课堂回答问题的准确程度、声音是否洪亮，板书是否清楚，是否注意了双色笔的使用等等，老师给出一定的分数。每节课学生个人得分的累加就是学生当天的总体评价分数。小组每一个成员每天得分的综合就是小组的当天评价分数。班级、年级再根据一段时间内个人或小组整体得分的累加情况评出优秀学习个人和优胜学习小组。

第二阶段，学习、纪律、卫生综合评价。经过一段时间的学习方面的单项评价，渐渐发现了一些问题，就是在新课改的理念下，不应该仅仅针对课堂建设制定评价机制来激励学生，应该把纪律、卫生等各方面的管理工作都纳入到对学生个体以及小组的评价当中，这样便于学生的自我管理，也符合新课改的自主、合作的理念，因此，开始采用综合评价的方法，学生个体、小组整体每天的得分除课上学习表现外，还包含着当天的纪律、卫生情况的得分。

第三阶段，模糊性评价。随着时间的推移，高效课堂建设的不断成熟，学生对分数的兴趣越来越淡漠了，分数的高低并不如前能刺激学生在课堂上的积极表现，另外课堂上具体的分数评价也确实浪费了一些时间，甚至造成课堂上因分数的高低而出现争议的现象，因此采用了模糊性评价的办法，课堂上不再给定学生具体的分数，而是科任老师们根据学生个体或小组整体在一段时间内的总体表现，对个人或小组做出一个总体的评价。实践证明，当高效课堂的模式已完全被熟悉后，模糊性评价仍然能够取得分数评价的效果，并更具课堂效率。

高效课堂的建设终极目的是为了调动学生学习的积极性，唤醒学生的学习热情，让师生体验到教书育人、学习生活的幸福和快乐。评价是手段而不是目的，这就像社会规则一样，制定出规则不是目的，目的是大家都共同遵守规则建立秩序，当人们的素质极大提高的时候，规则也就可以随之改变。所以高效课堂上的评价机制，不是不能淡化的，但需要每个同学、每个小组都有高涨的学习热情、勇于探究的学习精神，需要老师设计出有强大吸引力的导学案。

总之，评价机制的淡化应该是一种成熟，是一种进步，是一种去粗取精的课堂的必然。

关于把握学情的思考

今天上午听了一节物理课，这节课的导学案老师编制的可以说很是用心了，然而，学生在展示的过程中根本没有出现那种思维与思维的碰撞，问题对生命的启迪。在独学环节，老师让每个小组派出两名同学去黑板上做基础学习模块的题目。仔细观察，黑板上板演的 12 位同学，除第三小组的一个男同学在黑板上奋笔疾书外，其他各小组的 11 名同学，都满脸急切地在黑板前抓耳挠腮，没过几分钟就开始交头接耳、左顾右盼，但是不管怎样就是写不出问题的答案来。

我一下明白了，这是因为导学案的难度过大了。老师的导学案的编制没有建立在把握具体学情的基础上。那么，为什么老师对学情的判断有如此误差呢？恐怕与以前的问题暴露不足也有相当大的关系。

这个学期开始，学校为了更好地推进高效课堂的建设，又重新增加了每个教室的展示板面，基本达到了每个同学一个展位，学校提倡充分利用板面，最大限度暴露学生的存在问题，以便增强教学的针对性。正是由于把原来的同学们在下面“暗箱操作”变成了“阳光下的明明白白”，才暴露出很多同学不知道如何开笔了，假如没有学生把学习结果在黑板上的“晒”，在独学阶段，小组呈现出来了仍然会是你会、我会、大家会。由此可见，没有充分暴露问题蒙蔽了老师的眼睛。在虚假的“会”中，迷失了对学情的把握。

课改专家于春祥老师说：“在高效课堂中，黑板是学生展示的舞台，是学生学习成果分享的荧屏，是学生绽放自信的田野，是学生实践创造的阵地。高效课堂的密码之一就是：把学的‘黑箱’，变成展示的阳光。‘说一说’，总不如‘写一写’来得实在。谁如果能把学的实况用黑板加以‘转播’，其效率自然会得到强化。”正是针对这种情况而言。

有些教师往往想当然的过高估计学生的学情，觉得学生应该会这，会那，其实学生并不会。学生如果在课堂上不能真正暴露问题，老师就会觉得自己的课堂进行得非常顺利，其实这是一种假象。所以，切实让课堂取得高效，把握“学情”这个基础工作尤其关键。

高效课堂更应关注时间效益

独学、对学、群学、展示、反馈是高效课堂中最基本的学习活动形式，可以说这些最基本的课堂环节构成了一节课的大致流程。但在实际的课堂操作中，老师仍然反映本来设计好的导学案，却不能在有限的时间内很好地完成，总是感觉“时间紧迫，任务艰巨”，也有的老师反映一节课下来，并没有取得预期的学习效果，致使高效课堂不能真正的高效。

追求高效，就应该在单位时间内让学生的学习、情感、思维、能力等各方面得到最大限度的训练和发展，否则就是假高效，挂羊头卖狗肉的伪课堂。要想解决高效课堂必须高效的问题，应该先看一看在一节课中我们的时间是怎么流失的。课改初期，学生独学、对学、群学没有时间限制，老师凭着感觉走，学生在宽松的时间内漫不经心；学生展示没有时间限制，从题目的分析、解题的关键、小组答案的给出、注意问题的提示，再加上课堂上的质疑、对抗等各个方面，一个小组展示完毕就要五六分钟，甚至十几分钟时间，我们一节课能有多少时间呢？学生当堂检测更是盲人骑瞎马，走到哪里算哪里。在这样只有学习内容预设，而缺少各个环节完成时间限定的课堂中，学习任务能完成吗？我们的课堂效率能高起来吗？

实践证明，课堂上的限时训练是提高教学效益的有效措施。为每一个学习环节限定时间可以培养学生良好的学习习惯，培养学生上课专心的习惯，培养学生仔细审题的习惯，培养学生认真按时完成每一个操作环节的习惯，增强了学生课上学习的紧迫感，使命感，调动了学生学习的积极性，同时也减轻了学生课后的负担。

在课上要求学生背诵一篇古诗，如果没有时间限制的话，很可能十几分钟有的学生都不能背下来，但是当要求学生在五分钟内必须把这首古诗熟练的背诵下来的话，并跟上学生之间对查，老师抽查等检测的措施，大多数同学都能达到老师的预设要求。

所以要切实把我们追求的高效课堂上出高效，切记要关注课上时间，进行限时训练，提升单位时间的学习效益。

把握课堂节奏，提高课时效果

一节好课就像一首深情的诗，抑扬顿挫，回环曲折；一节好课也像一首悠扬的歌，轻重缓急，婉转悠扬。好课像诗歌一样有节奏。那么对于一节课来说，课堂的节奏是什么？课堂的节奏应该是当讲时讲，当练时练，当思悟时思悟，当巩固时巩固，起承转合，不温不火，张弛有序。当一节课有了鲜明的节奏，那么这节课就会真的像诗一样优美，像歌一样动听了。

时常发现有些课堂上老师一味地注意学生的展示，而不注意学生的体会、思悟、记忆，简单地认为，把一些时间用来让学生理解、记忆，体会、思悟就是一种时间的浪费。甚至有的老师认为，这些学习活动可以放到课下，让学生抓时间、挤时间来完成，课上能多做一道题就到得了一道题，把学习的效果盯在了能做多少题目上。这些做法都不能取得课堂的高效。

一张一弛，文武之道，高效课堂也是这样，让学生把“动”和“静”结合起来，才能使课堂显得有节奏，才能使每一个学习环节做到落地有声。

那么什么是课堂上的“动”，什么是课堂上的“静”，又怎样才能做到动静结合呢？所谓的“动”主要是指学生的交流活动，就一节课来说，学生的对学、群学，展示、点评、对抗、质疑、生成，老师的精讲点评等等，这些活动都应该算作课堂上的“动”。学生的思悟、记忆、巩固这些活动都应该算作学生的“静”。

那么什么时候可以安排学生的“静”呢？就“三模九步”课堂模式而言，可以在基础学习部分结束时适当安排学生的“静”；可以在能力提升题目完成之后适当安排学生的“静”；可以在一节课的主体任务完成，下课之前适当安排学生的“静”；还可以在学习过程的任何环节根据学生学习效果的需要适当安排学生的“静”。

在一节课上，“动”、“静”的活动安排不是程式化的，应该是在需要“动”的时候就能“动”，需要“静”的时候就能“静”，“动”是高亢，是昂扬，是热烈；“静”是低沉，是冷静，是稳重。在课堂上把“动”和“静”有机结合起来，师生才能在课堂上演奏出和谐的乐章，结合课堂情境达到高低起伏，“大珠小珠落玉盘”的节奏效果，才能提高课堂的实效。

结合学科特点，让高效课堂更精彩

高效课堂有没有一个普适的模式，这个问题，李炳亭先生早已经给了我们明确的回答，“五步三查”即为一个普适性的教学模式。那么，高效课堂的教学模式，是不是应该千篇一律，大家都不能越雷池半步？回答是否定的。我们在“五步三查”的基础上探索出了“三模九步”课堂教学模式，并在具体的教学实践中取得了很大的进步，使我们的各学科教学有章可循、有法可依。在高效课堂的教学模式的建设上一般要经历“临帖—入帖—破帖”这样几个大致的发展阶段。所谓“破帖”不仅仅指一个学校在高效课堂建设上打破原来临摹的教学模式，形成自己学校的教学模式，同时也应该指各学科的教学中，突破学校统一的教学模式，形成能够充分体现学科特点的本学科的教学形式，唯其如此，才算作实事求是，才算作具体问题具体分析，才算作高效课堂建设的成熟。

何为学科特点？比如，语文学科，它具有人文性、工具性、综合性。所谓人文性针对高中生而言，就是指学生精神世界的升华，拥有悲天悯人之心，友爱感恩之情，追求对生命的关注，对自然的热爱，对美好人生境界的向往，是较高语文素养的具体体现。综合性是指学科内容有极大的丰富多样性，以及思维方式的多样性。语文学科并不强调有序性，其内容在社会人生领域有着充分的广延性和辐射性。工具性是指语文是母语文化，是中小学的基础课程，要为学生以后的学习、生活、工作提供一种工具，掌握一种能力，为学生生命的成长、精神的丰富提供保证，使其成为完满的“人”。针对语文学科的这些特性，语文老师们在教学实践中怎么通过听说读写的训练，体现出语文学科的特点，这就是我们应该研究的问题。如果我们只是满足于课上学生完成几道题目的训练，充其量是一种应试的语文教学。所以，就语文教学来说，该说时就应该让学生说，该写时就应该让学生写，该读时就应该让学生读，该听时就应该让学生听。学生在课堂上可说、可写、可读、可画、可歌、可舞，唯其如此，才叫体现语文学科特点的教学，才叫充满人文性的语文教学，才叫丰富多彩的语文教学。

再比如，数学学科，数学在思维上具有敏捷性、灵活性、广阔性、深刻性的特点，因此我们的教学就应该注意以下几点：

1. 认真思考如何合理创设问题情境。只有创设合理的问题情境，才可以激发学生的求知欲望，让学生更好地接受新知识。

2. 合理进行教学启发，鼓励学生积极思考，独立思考，引导学生在思考、探究问题的过程中发现和掌握新知识。

3. 鼓励学生通过观察、试验、归纳、猜想和验证获取知识。

4. 着重培养学生的三大能力，即运算能力、空间想象能力及逻辑思维能力，其中逻辑思维能力是核心。

实践证明，统一的教学模式与尊重学科特色并不冲突。学科教学中只有充分体现出学科特点才会使我们的课堂更加丰富多彩。

高效课堂中学生笔记仍然很重要

高效课堂中并非不要学生做笔记，要真正打造课堂高效，需要注意到每一个学习的环节。

俗话说：好记性不如烂笔头，这句话道出了做笔记的重要性和必要性。经常听到老师们讲，这个问题已经讲过多次了，可是学生仍然不会；或者，检查完学生的导学案发现一些学生的导学案上根本就没有留下多少痕迹。这些问题都反映了学生在课堂上没有做好笔记，造成课下缺少巩固复习的依据。

美国心理学家巴纳特以大学生为对象做了一个实验，研究了做笔记与不做笔记对听课学习的影响。大学生们学习的材料是一篇有1800个词的介绍美国公路发展史的文章，以每分钟 120 个词的中等速度读给他们听。把大学生分成三组，每组以不同的方式进行学习。甲组为做摘要组，要求他们一边听文章，一边摘出要点；乙组为看摘要组，他们在听文章的同时，能看到已列好的要点，但自己不动手写；丙组为无摘要组，他们只是单纯听讲，既不动手写，也看不到有关的要点。学习之后，对所有学生进行回忆测验，检查对文章的记忆效果。实验结果表明：在听文章的同时，自己动手写摘要组的学习成绩最好；在听课的同时看摘要，但自己不动手组的学习成绩次之；单纯听讲而不做笔记，也看不到摘要组成绩最差。由此实验我们可以看到认真做好课堂笔记对于实现高效课堂的重要意义。

具体说，记笔记重要性可以概括如下：①记笔记有助于集中学生的注意。要想在听课的同时记好笔记，必须要跟上老师的讲课思路，跟上同学们展示、质疑的思路，把注意力集中到学习的内容上，光听不记则有可能使注意力分散到学习以外的其他方面。②记笔记有助于对学习内容的理解。记笔记的过程也是一个积极思考的过程，可调动眼、耳、脑、手一齐活动，促进了对课堂讲授内容的理解。③记笔记有助于对所学知识的复习和记忆。如果不记笔记，复习时只好从头到尾去读教材，这样既花时间，又难得要领，效果不佳。如果在听课的同时记下讲课的纲要、重点和疑难点，用自己的语言记下对所学知识的理解和体会，这样对照笔记进行复习时，既有系统、有条理，又觉得亲切熟悉，因而复习起来，事半功倍。④记笔记有助于积累资料，扩充新知。笔记可以记下书本上没有的，而老师在课堂讲授的一些新知识、新观点，不断积累，便获得许多新知识。

那么，在我们的课堂中，怎样指导学生做好笔记，结合“三模九步”教学模式可以从以下几个方面对学生做笔记加以指导：①在对学、群学过程中自己没有解决的问题要做好笔记。②当小组展示、质疑、生成新问题时，针对独学、对学、群学过程中自己没有很好解决的问题，或者给自己启发、让自己对这个问题有了新的感悟的内容要做好笔记。③对本节课所学习的重点内容要做好笔记。④老师针对某个问题精讲点拨的时候要做好笔记。

课堂笔记是一个眼、耳、手、脑并用的过程，在听懂的前提下，对获取的知识信息通过大脑的思维，经过“选择—加工—归纳—浓缩—反馈”，然后有重点地记录下来。在学习过程中多种感官共同参与学习，有助于提高学习效率，因此必须加以重视。

打造高效课堂牢记“四性”很重要

近来，在上课和巡课中发现，“限时性、问题指向性、规范性、动态性”对取得课堂的实效非常的重要，但有些老师并不注意这些细节问题，课堂操作粗枝大叶，看到了森林，却难以看清楚树木的模样。

限时性。即使在传统的课堂上，这一点也非常的重要，更无须说在高效课堂上了。限时性，就是限定学生在一定的时间内完成预定的学习任务，目的是增强学生学习的紧迫感，创造严谨的学习氛围，避免松松垮垮的学习状态出现。如果每一个教学环节，都不能给学生限定时间的话，学生就会在散漫的氛围中分散学习的注意力，进而影响课堂的学习效果。然而，事实上，一些老师在限时性上缺乏明显的认识，课堂上见不到那种苦苦寻觅的紧张的学习氛围。因此，独学、群学，展示、点评等各个教学环节都应该增强时间观念，确保教学流程的张弛有序。于春祥老师在谈到课堂时间失控时就举了这样的例子：“展示环节一般用时30—35分钟左右。如果再分配到6个组，一个小组也只有5、6分钟的时间。除了板演可以共享时间之外，其余时间都要线性延展。所以，时间失控在实验校屡见不鲜。要想时间不失控，就得从细处调整。板演用时一般不应超过5分钟。要特别注意训练学生的板演速度。板演的量要与分配时间匹配。学生讲解一般提倡1分钟表达（1分钟，200字），最多3

分钟。纵是完不成，展示也应停。这样一是可以倒逼展示准备更充分，二是能够确保展示时间的均衡。”其实任何一个学习环节，都应让学生时刻产生“倒逼工期”的心理准备。

问题的指向性。指向性教学是一种必不可少的教学手段和方法，恰当地运用此方法，可以开启学生的心灵，增长学生的智力，诊断学生遇到的学习障碍，对学生进行引导，同时，对启发学生思维，活跃课堂气氛，提高课堂教学效果，有着重要意义。高效课堂是以学生的“学”为核心的课堂，独学、对学、群学等各种学习方式都是以学生的学为主导，所以，只有老师明确给学生具体的学习任务，学生才能独学得深入，才能使讨论、展示更具有针对性。假如，在小组讨论过程中，学生没有具体的问题指向，而是漫无边际的天南海北的讨论，这样的学习效果会是什么样的呢？没有核心任务的学习形同一盘散沙。有了具体的问题才能集中起学生的精力，才能使学生的学习少走弯路，才能尽快达成学习的目标。此外，老师要特别注意的是，问题的指向要明确，再好的问题如果用晦涩、笼统的语言来进行提问，学生也很难理解教师的意图，就会影响学生独学、群学时的学习效果。老师提出的问题还要站在具体的学情基础上紧密联系学生的生活实际，从已有的知识出发，在这基础上让学生“跳一跳，摘桃子”，也只有“跳一跳，就能摘到桃子”的问题才能极大地鼓励学生去尝试。问题的指向还要紧紧围绕学习的目标和学习的重点，揭示要害，才能启迪思维。反之，远远偏离学习的目标，重点不突出的问题，不仅达不到预期的目的，更会影响学生思维的发展。

规范性。学习要讲究规范，从课堂的口头语言、文字的表述，基本定理、公式、概念的运用、解题的规范步骤以至课堂的每一个操作环节等都要严肃认真地对待，只有平时注意规范地训练，关键时刻才会游刃有余，提升学习的品位，减少说而不清、表而不达的现象出现。杜郎口中学在课堂展示的规范性上就做了这样的要求：“我自信我最棒，聚焦点处来亮相。胸挺直头高昂，面带微笑喜洋洋。嘴里说心中想，脱稿不再看师长。吐字清声洪亮，嗯啊口语别带上。一握拳一挥掌，肢体语言能帮忙。展示完忙退让，褒贬评价记心房。”其实，学生在学习过程中所表现出来的随意性，往往是因为老师平时要求不严格造成的，讲求规范，高效课堂才会取得更大的实效。

动态性。高效课堂应该是一个充满生命活力，充满蓬勃朝气的课堂。学生恹恹欲睡的课堂绝对不是高效课堂，充其量是打着高效课堂幌子的传统课堂。所以，在课堂上要想办法让学生动起来，让学生在动中思考、在动中探究，在动中展示和点评。让学生动起来的一个最好的办法就是充分利用展板，让尽可能多的学生从座位上走下来，去展示思维的过程，去展示学习的成果，去暴露学习过程中存在的困惑。于春祥老师说：“什么时候看到黑板不用就心疼，这时候，你对黑板的价值的认识就到位了。高效课堂上每组至少一个展位，一个展位每节课至少要用一次。”可见，对展位充分利用的重要性。充分利用展位是高效课堂让学生动起来的一个重要手段，身体的静止往往也预示着思想的静止。所以，学生独学时可爬黑板，展示、点评时可爬黑板，当堂检测时还可爬黑板，只要有板面可用，就多做板演，学生动通常比不动的学习效果更好。

开放的课堂才精彩

高效课堂就应该是以学生的“学”为主的课堂，老师只需在课堂上为学生的学创造条件、加以引导、点拨提升。敢于放手是打造精彩高效课堂的必然要求。

昨天听了高三年级的一节关于《政府职能》的政治单元复习课，很有感触。在“三模九步”的模式要求下，老师大胆放手让学生构建单元知识体系。六个学习小组，每个小组都有精彩的构图呈现，有的小组根据政府的职能画出了一只巨手，有的小组画出了一盆盛开的鲜花，有的小组画出了一步一步高起的台阶，有的小组画出了分成格子的转盘等等。小组的表现异常精彩，而且在展示、点评环节，每个小组都能够对本小组的构图寓意，以及根据构图进行的知识生成解释得有板有眼，有理有据。学生之间互动融洽，其乐融融，就连听课的老师们都有如沐春风的感觉了。一节课下来，给人的感觉就是两个字“精彩”。

课下反思这节政治课成功的原因，两个字“开放”。在导学案中，老师为完成本节课复习的重点，预设的题目是：“以‘政府’为核心，根据本节课‘基础学习’部分的知识内容并结合教材勾画本单元的知识框架。”对题目完成的提示是：“框架图可以使用知识树、思维导图、大括号、箭头知识框架等形式。”整个能力提升环节，课堂任务说明仅此两句。相比较之下，很多老师抱怨课堂不精彩，学生在课堂上的生成很少，学习得不深刻，老师感受不到教书育人的幸福和快乐，学生也体验不到学习的幸福和快乐，其中一个重要的原因在于，给学生划定的条条框框太多，严重束缚了学生的思维。思维被束缚了，学生还能在课堂上放飞思想心游万仞吗？造成这种现象的根本原因还在于观念，总是想当然地认为，对某一个知识点、对某一道题目，作为老师必须要求到位、提示到位，确保学生在展示、点评时能够达到预期目标。试想，当每个学习小组都在老师铺设的轨道上进行思维活动，课上小组之间、同学之间能有“节外生枝”吗？能有百花齐放、百家争鸣吗？说到底，课堂上不精彩，还是教学观念还不够开放。

高效课堂一再强调“放手”、“放生”，这种“放手”、“放生”绝不仅仅是学习形式上的“放手”、“放生”，更主要的是对学生思维上的“放手”、“放生”。中国教师报总编辑雷振海曾撰文指出：“培养学生的创新精神、创新能力，应该从培养学生的思维能力、思维水平入手。为什么我们出不了乔布斯式的人物，恐怕与我们的思维方式有关。”的确，敢于放手，才能解放学生的思维，才能提高我们的教育高度和教育水平，才能让学生绽放思维的火花，表现出无限的创造力。这正如梭罗《种子的信仰》里的一段话：“如果你在地里挖一方池塘，很快就会有水鸟、两栖动物及各种鱼，还有常见的水生植物，如百合等等，你一旦挖好池塘，自然就开始往里面填东西。”我们的教育就应该是挖池塘的教育，小至一节课，大至教育思想都是如此。

所以要打造精彩的高效课堂，还是要进一步加大课堂的开放的力度，学生在信任中真的会做得更好。

互动交流也要讲究方式

高效课堂中互动交流是课堂展示的重要组成部分，是新课改理念下学生合作、探究学习的重要体现形式，缺少了组与组、生与生之间互动的课堂一定是一个平面而缺少生命激情的课堂，是一个缺少丰富多彩、高密度、大容量的思维训练和创新能力培养的课堂。

在观课中发现，在互动的过程中，当学生提出一个新的问题请其他小组的同学回答时，经常是这样的：学生说“下面，我请第二小组的二号同学回答一个问题”，于是，第二小组的二号同学便针对提出的问题，根据自己的理解回答展示小组的提问。这种方式是我们目前课堂上学生互动交流的主要处理方式。但这种处理问题的方式有很多不妥之处：

第一，根据教育心理学的常识，先指定同学再提出具体问题，这个问题只能引起这一个同学的高度注意，对于绝大多数同学来说，缺乏普遍的提醒作用。应该先提出问题，让这个问题先引起在场的每一个同学的注意，当这个问题在每一个同学的头脑中经过快速反应、加工后，再指定某一个同学来回答。这也有利于其他同学思考、判断被指定同学回答的正误。

第二，课堂上的生成互动不应该局限在一问一答之中，形式可以是丰富多彩的，根据内容的需要可以是一对多，也可以是多对一，甚至是多对多，这样提出的问题的答案才能更深刻、更全面，课堂学习氛围也才会更热烈。

第三，提出问题的同学不应该仅仅满足于其他同学给出了答案，同时还要比较自己早已成竹在胸的答案并对同学的回答给予适当的评判。

总之，高效课堂的任何一个细小的环节都应该仔细地推敲，切实通过我们的思考、判断、尝试，把我们的课堂打造成名副其实的高效课堂。

思维的训练更重要

前几天一些来校参观的外校领导、老师走进了我的课堂。这节课的内容是诗歌鉴赏中的景物描写作用的分析。一节课下来，感觉这节课学生学得很精彩，我对学生学习过程的参与、组织、表现也很满意。课堂进度当止则止、当行则行，困惑处点拨，总结处拔高，学生确实掌握了这类题型的解题思路和分析技巧，开阔了思维、提升了能力。

但课后一位听课的教师跟我讨论“为什么在这节课上没有给学生提供一个标准的答案”？这一问还真的给我提了醒，在这节课当中，几道训练题目确实没有给学生提供所谓的标准答案，但是也确确实实感觉到学生已经实现了本节课的学习目标。如果在学生已经学会、会学的基础上，再给学生提供甚至强调一个标准答案只能是画蛇添足，甚至会局限学生已经打开的思维。

这就涉及我们在课堂上到底关注什么的问题，是关注一道道具体的训练题目，还是更应该关注学生的思维和行动？因此，我不得不告诉这位老师，学生已经会做这些题目了，没有必要再给他们一个所谓的标准答案。这位老师似乎恍然大悟：“你是说你已经训练了学生解题的思维了吗？”难道我们每一节课不都应该这样吗？

事实上，还有多少老师仍然只满足于一节课做了多少道题，觉得只有做具体的题目才是学生实实在在的收获；或者非要把某一道具体的题目按照参考答案分析得入木三分、头头是道，否则就会感觉行囊里空空荡荡，没有给学生讲深、讲透。

“大象无形，大音希声”，为什么不思考一下教学的根本目标是什么？每一节课学生的学习效果是可以用做了多少道具体的题目来衡量的吗？在质和量的问题上哪一个是本，哪一个是末？弄清楚了这些，自然而然地知道在课堂上该怎么用力了。

我们一直提倡，教学就应该着眼于学生思维的训练、能力的培养和智慧的形成。唯如此，才能使学生对所学知识深刻领悟，灵活运用，才能在学习过程中培养起独立的人格和创新意识，才能使学生有可能适应将来社会发展的需要。可以说没有思维和能力训练的课堂不会是灵动的、智慧的课堂，不会是学生的思想得到解放、个体生命得以健康成长的课堂。

思维训练是20世纪中期诞生的一种头脑智力开发和训练技术。在世界各国的教育教学中得到了广泛的重视，如美国教育家贝斯特在《教育的荒地》中说：“真正的教育就是智慧的训练……经过训练的智慧乃是力量的源泉。”德国教育家第斯多惠在《德国教师培养指南》指出：“学校的存在总要教些什么东西，这个东西就是思维的能力。”可见思维能力培养的重要性。

然而，事实上，我们真正把对学生思维的训练重视到了一个什么样的程度？我们应该常常问自己：反复的练习是不是学生思维能力的训练？我们的课堂教学更应该关注什么？是不是老师们应该把每一道题的所谓标准答案告诉学生，以便学生参考？如果这些做法都不是对学生思维的训练，那么我们在课堂上到底应该怎么做？

注重细节　成就课堂高效

“细节决定成败”是尽人皆知的道理，高效课堂的建设同样需要注重细节，否则只能是粗枝大叶、收效不佳。

模式只是一个课堂操作的框架，是师生课堂上活动的大体流程。通过上课操作来看，每位教师都能按照学校的教学模式要求上课。但是有的课上的效果不仅不能称其为高效，甚至变成了走马观花、乱乱哄哄。究其原因，一个重要的问题就是，这些老师虽然掌握了课堂操作的大体流程，但是流程并没有被真正理解、消化，运用自如，而是简单地模仿机械地照搬，忽视对具体的操作过程中细节的把握。

从导学案的编制，到教学流程的具体实施，课堂细节可以涉及每一个教学环节。导学案中每一道题目的选用，每一个互动环节、展示方案的拟定，都要从细微之处入手，站在学生的角度身临其境的体验。以高三的两节单元复习课，一节政治、一节数学为例。根据“三模九步”教学模式要求，两个导学案中的能力提升部分都设计得很开放，给学生以充分的思维空间。在政治导学案中，老师为完成本节课复习的重点，预设的题目是：以“政府”为核心，根据本节课“基础学习”部分的知识内容并结合教材勾画本单元的知识框架。对题目完成的提示是：框架图可以使用知识树、思维导图、大括号知识框架、箭头知识框架等形式。结果，因为政治单元复习的开放性，学生在课堂表现上思维活跃，精彩之处不断出现。数学在导学案中的相应部分也基本上是这样的预设问题：根据本节课“基础学习”知识内容并结合教材勾画本单元的知识框架。对题目完成的提示是：框架图可以使用知识树、思维导图、大括号知识框架、箭头知识框架等形式。两个学科的导学案异曲同工，但是数学课表现出来的结果与政治课相距甚远，除去学科特点之外，一个重要的原因，就是数学教师在编制导学案的时候没有充分考虑学生在阅读导学案时的知识准备。假如教师这样预设问题效果会更好些：根据本节课“基础学习”知识内容并结合教材勾画本单元的知识框架，注意基本公式、定理、定义、概念、基本的解题方法、解题技巧的归纳总结。导学案中多出了相应的内容提示，会使学生的思维更好地发散，对知识的总结更为全面，学习的内容更为深刻。

课堂操作中的对学、群学，展示、点评，质疑、点拨，甚至课堂上学生的一颦一笑，一举一动都需要老师考虑周全、观察到位。高效课堂是一个动态的课堂，老师们要学会在动态中关注细节。凡事“预则立，不预则废”，想到位、观察到位、应变到位，才是课堂行云流水、一气呵成的关键，那种形似而神非的课堂绝不是我们所追求的高效课堂。

高效课堂并非无序课堂

总是听到有老师反映学生课上不能紧跟老师的步伐，随意性强，有时乱乱哄哄，对学、群学形式化。的确，尽管高效课堂主张以学生的学习为主，但是假若一节课乱乱哄哄，处于失控状态，那么这样的课堂还是高效课堂吗？高效课堂绝对不是无序的课堂，它是应该在老师的掌控、引导下，学生高效学习，高效发展的课堂。在这样的课堂上，学生的生命应该得到绽放、学生的学习激情应该得到发泄，学生的思维应该得到发散和深刻的训练。每一个学生都能在学习的过程中，倾其智力所有，为课堂营造热烈的学习氛围“添油加醋”，从而创造出“知识的超市，生命的狂欢”的学习状态。

课堂乱堂无序的原因概括起来有这样几点：

1. 老师对学情的把握不到位。课上的学习内容超出了学生现有基础和学习能力，学生只能望洋兴叹，望而却步。努力学都学不会的东西于是干脆不如不学，所以，部分学生开始游离于小组学习之外，各种各样的不学习现象开始出现，有些学生便趁势起哄，热热闹闹，制造出课堂一片繁荣的假象。

2. 老师掌控课堂的能力不够。高效课堂并不是把一切都教给学生，学生应该是在师生共同创设的学习情境、学习氛围中进行自主、合作、探究的学习。老师对学习流程，对课堂节奏，对每个环节的细节都需要全神贯注地观察、思考和调控。有些老师对学生课堂上表现出异常现象束手无策，不是听之任之，就是大声叱喝，这些都不是新课改理念下的调控课堂的方法。新型的师生关系应该建立在相互信任、尊重、理解、宽容的基础上，把教室里的孩子当做自己的孩子，面对乱堂现象，老师适时约束，适度调整，投入方法和爱心。

3. 学生自身的问题。学生对学习的意义认识淡薄，缺少高远理想，得过且过，随遇而安，这样的心态表现在学习上就是无所谓，当一天和尚撞一天钟。在课堂上，学习小组建设不完善，缺少小组成员之间的相互管理、相互制约的机制。组内个别同学违纪，其他同学不能及时予以批评纠正，听之任之，进而造成其他同学仿效、随波逐流。

4. 班级学习氛围不浓厚。要浓厚班级的学习氛围并不是一件很轻松的事情，没有明确的奋斗目标的班级肯定形同一盘散沙，没有明确的个人奋斗目标的同学也会如行尸走肉。所以老师的正面的引导、教育是非常重要的。学习氛围浓厚了，学生学起来才有劲头。

不管哪种原因造成了乱堂，科任教师都需要认真反思，寻找症结，对症下药，以助建设有序高效的课堂。

要重视双色笔的使用

工欲善其事，必先利其器。高效课堂的三件宝是活页夹、双色笔、纠错本。作为学生三宝之一的双色笔在高效课堂的学习中起着至关重要的作用。

双色笔的使用，是我们课改初期最为着力强调的一个细节，但是，在经过一段时间的课改后，这个细节似乎被淡化了，在课堂的操作环节上，很多时候学生都把双色笔的使用变得很随意，似乎用不用与课堂学习无关，有些老师也不再注意对学生使用双色笔的要求。对于学生在课堂上使用双色笔有必要再次强调，以便引起师生的重视，进而打造高效规范的课堂。

结合课堂实际，指导学生的双色笔使用可以从以下几个方面落实：

1. 对学习目标中一些重要的内容，本节课必须完成的硬性指标，可以用双色笔标注出来，以便时时提醒自己。

2. 在学习过程中，一些重要的知识点要用双色笔标注出来，不同颜色的标注，会引起我们在学习过程中特别注意，同时也为以后的学习留下显著的标记。

3. 在自己感到困惑的地方用双色笔标注出来，同一个内容其他同学都明白无误了，但自己不一定明白，这个时候就可以用双色笔对自己独特的困惑进行标注，以便课后进行学习、探究、解决。

4. 在训练过程中，自己出错的地方，要用双色笔标示出来，错了就说明自己在这一点上还存在着不足，标示之后，特别颜色之处要注意巩固，并时时提醒自己以后不再犯相同的错误。

5. 老师精讲点拨、总结提升的时候可以用双色笔把一些重点内容记下来。

用不同的颜色记录学习中的薄弱点，重视了不同，才会有更大的收获。尤其是学生已经养成的好习惯坚决不能因为失去最初的新鲜感而渐渐丢弃。

教师的主导作用不可忽视

新课改要求必须彻底转变传统教学中的两个关系：一是师生关系，由传统的教师为主体，转变为学生为主体；二是教与学的关系，由教师的教为主，转变为学生的学为主。所以说新课堂的最大特点就是突出学生的主体地位，突出学生的学。

当“学”中心的课堂理念建立起来之后，教师应该处于一个什么样的地位，起到什么样的作用，是不是我们的老师们就可以从新课堂中完全的退出？答案：非也！在新课堂中我们的教师应该成为学生学习过程的组织者、参与者、引导者、激励者，应该努力去观察、发现、矫正、补充、点拨、拔高。否则课堂很可能流于模式而深入不到学科教学的本质和精髓。

在教学中，一些老师按照学校的课堂教学模式、教学流程完成操作后，学生需要点拨提升处老师并没有及时点拨提升，需要矫正补充的地方老师也没有给予矫正补充，而是任其自生自灭。学生完全处于自然的状态下学习，如果学生的学习基础、学习能力不错的话，把学习的权利完全交给学生并不为过，而且还应该大力提倡。可是一旦所面对的学生学习遇到了困难，学生在学习的过程中出现了很多的纰漏，老师们是不是该及时介入，用自己的思维去碰撞学生的思维，用自己的智慧点燃学生的智慧？

如果教学没有做到基于学情，不充分考虑学生的思维习惯、学习能力，就只想投机取巧般的把课堂上的一切都交给学生，老师虽然身在课堂之中，神已到九霄云外；看到学生遇到学习之山不能开路，遇到困难之河不能搭桥也不予干预，一味地任其发展，学生们自己悟多少就是多少，这是老师对学生极度不负责任，是对学生学习生态的破坏。一个人的能力有大小，水平有高低，学习中遇到困难也是必然的。当相信了学生，利用了学生之后，要发展学生还需要老师及时的介入，尽心的点拨、矫正和补充。

要真正成为学生学习过程的参与者、成为学生中的平等的首席，首先老师们就要深入备课、认真编写导学案，预想到学生学习过程中的困难所在以及破冰的方法。要想让学生顺利的过河，自己就要先把导学案中的全部内容切切实实地分析一遍、体验一遍，在分析体验中，预见学生的学习。如果只是满足于每天编制出导学案，而缺少对导学案的分析研究，缺少对学生学习过程精准的预见的话，课堂的精讲点拨、矫正补充肯定无从谈起。

所以，高效课堂不是去教师化的课堂，老师们的作用仍然很重要，对教师专业化水平的要求仍然很高。千万不能用种种借口掩盖了教师的懒惰和短处。

高效在于把学习引向深刻

学生不能成为书本内容的搬运工

学习的过程是一个“外化—内化—外化”的过程，只有内化了的东西才是学生真正学会了的，只有内化了的知识，学生才能更好地展示、质疑和生成，课堂才会精彩纷呈。因此追求课上学生对所学知识的“内化”，才是我们追求课堂高效的必经之路。

但是，在实际的课堂操作中，有些课在课堂操作上并没有注意到学生对所学知识的内化，进而造成学生对内容学习得不深刻，理解不透彻，展示时照本宣科，更不能与其他小组、其他同学形成互动。在这样的课上虽然学生们完成了老师所布置的学习任务，但实质上学生只是充当了书本内容的搬运工。

生物《果胶酶在果汁生产中的作用》一课导学案的设计上，在基础学习部分老师预设了这样一道题目：“概念：什么是果胶和果胶酶？其中果胶酶的作用是什么？”这道题是为了让学生掌握本节课的基本概念及其作用。所以，学生在展示的时候，都拿着课本，把课本上相应的概念抄写到黑板上。在展示的时候任何一个同学都不存在问题，而且所展示的内容与课本毫无二致，但毫无疑问，学生并没有百分之百理解了这个概念。因为学生只是机械地照抄了书本上的内容，并没有对相关的内容进行内化，很可能离开此时、此地、此书，这道题的学习就成了过眼云烟，了无痕迹。

那么怎样才能实现学生对所学知识的内化呢？关键还在于老师们在备课时多挖掘问题的层次，做到在课堂上“逼迫”学生深入一层的学习，而不是简单地充当搬运工。再拿上面的问题举例，在问题的设计上稍作改动，就可以达到学生对知识的内化了。比如：“概念：什么是果胶和果胶酶？其中果胶酶的作用是什么？请写出关键词语。”一个“关键词语”就把如何内化的问题解决了。学生要根据概念和作用提炼出关键词语，就必须对概念和作用进行分析理解、加工创造，这种分析理解、加工创造的过程就是对所学知识的内化过程，是更深入地学习课本内容的过程。由此可以看出，要让学生达到对知识的内化并不是一个很难的问题。

老师在教学时要养成训练学生内化所学知识的习惯，积累并掌握训练内化知识的方法，让学生能够对所学知识进行深入挖掘。真正引导学生遵循“外化—内化—外化”的学习过程。

老师要善于引导学生对知识进行深加工

课堂问题设计的简单化、平面化是造成课上学生学习兴趣不浓厚，学生活动跟不上老师的要求，课堂生命状态达不到理想化的重要原因。面对学生学习状态出现的萎靡，思维的滞钝，甚至昏昏欲睡，老师们应该更多地反思我们自身的教学，而不是抱怨。试想，当学生们看一部情节曲折生动的电影的时候，当学生欣赏一本精彩纷呈引人入胜的武侠小说的时候，当学生沉迷于惊心动魄的网络游戏的时候，他能没兴趣吗？

原因是什么？其关键就是电影、小说、网络游戏都不是平面化的、简单的、一眼就能望穿的，它需要人们不断地去联想、猜测，去让自己的思想感情参与其中。教学同样也是这个道理，要想让自己的课堂也能引人入胜、精彩纷呈，就要想方设法把问题呈现变得层次化、探究化、情境化，让所学的知识在学生的头脑中进行深加工，多问几个为什么。

例如在巡课的时候，发现一节语文课上，所有展示的同学，都在黑板上展示着同一段文字表述的内容："把下列形象性表述的语句转换成概括性表述的语句。"再看学生们手里的导学案，原来在导学案中的基础学习部分，老师设计了这样一个问题："请同学们回顾昨天语文课上学习的内容，并把它写到黑板上，要简洁。"这道题目的设计就过于简单化、平面化。要解决这个问题只需要大家把昨天的学习内容写到黑板上就可以了，无须多动脑筋。所以，学生对昨天的学习内容只是一个简单的回顾，并没有把昨天所学的内容在头脑里进行深加工，那么其巩固效果可想而知了。如果把"要简洁"换成"写出关键词"、"用框架图表示出来"、"编成顺口溜"、"画成知识树"等等，如果学生在这样的要求下能把所学内容回答出来，说明学生真的对知识掌握了。因此，让学生对所学知识进行深层次加工，是提高学习效率的重要的法宝。

力避师生问答式的传统低效教学活动

无数次的听课、巡课，却无数次的发现在课堂上依然有师生之间一问一答的现象，每当见到此情此景，如鲠在喉，不吐不快。师生之间一问一答，有板有眼，而其他同学则事不关己高高挂起，这是典型的传统课堂的教学方法。老师面对的只是单个的同学，学生回答问题的对象只是作为课堂权威的教师，这种教学方法是忽视全体同学的存在，是让学生满足老师课前教学预设需要的表现，因此，本质上仍然是以"教"为中心的教学。为切实打造高效课堂，应该努力做到以下几个方面：

1. 更新教育教学理念。课堂提问是课堂教学中一种常见的教学手段，传统课堂上师生之间的一问一答，目的是能让教师及时了解学生对知识的掌握情况，但是在高效课堂的学习过程中，更提倡教师通过展示环节去摸清学情，而非一对一问答这种只能照顾少数学生的方式。

课改更主要的是改变人的思想，教育理念不彻底更新，传统的教学方式就不能被彻底的抛弃。新课改是一场思想理念的革命，一切传统教学方式在课堂上的出现都是因为新的教学理念没有在思想深处上扎根，更没有在教育教学实践中得到充分恰当地运用。因此要彻底摒弃传统的教学方式首先要更新教育教学理念。

2. 心中要有学习小组。更新教学理念后，思考怎么样把问题留给所有学生思考，而不是指定某一个同学思考回答。那么最好的方法就是心中有小组，明确独学、对学、群学是高效课堂不可或缺的学习方式。当老师向学生提出问题时，按独学、对学、群学的学习程序把这个问题交给每一个同学，进而每一个小组讨论，小组同学通过思考、讨论、质疑、争辩得出本小组同学对这个问题的思考结果，各小组展示完之后，老师再根据小组的展示情况进行精讲点拨。这样就可以避免把学习问题交给某一个同学的现象。

3. 开放学习形式，“不拘一格降人才”。要努力让学生的学习形式开放一些，不能因为课堂形式的要求而忽视学生的学习效果的达成，要明确教学目标是要让学生学会、会学、想学、乐学，只要能让学生学有所得，不必计较学生采取什么形式学习。传统课堂学生坐着听讲，这似乎是天经地义的事，而且学生一定要坐得端正，不能随便说话、不能随便走动。但让学生动起来，或站，或说，或写，或表演，能达到更好效果的话，又为什么要拘泥于形式呢？

探索符合学科特点的高效课堂教学模式

高效课堂的建设一般经过“临帖—入帖—破帖”这一路径，按照李炳亭先生的说法：“我们主张学习要‘拿来主义’，学习高效课堂要先找到‘帖子’，‘帖子’即五步三查模式，比照帖子，先临帖，再入帖，然后破帖。”不仅一个学校的课改发展路径是如此，一个学科的教学模式也如此。

经历了一年多的时间，我们探索出了“三模九步”课堂教学模式。这一课堂教学模式对各科具有一定的普适性，也确实在这一教学模式下取得了不小的成绩。然而，随着课程改革的不断深入和推进，也逐渐发现了在这一模式下受到的制约，因此在坚持学校总体的“三模九步”教学模式基础上探索符合学科特点的高效课堂教学模式，已经成为我们各学科教学所面临的一个重要的任务。

一些老师的教学反思中同样也提到了相关的问题，例如：“高效课堂的时间安排基础学习部分约 15 分钟，这对于新授课来说，时间很紧张，而且课堂容量并不大。换位思考一下，让我用 15 分钟时间既要看书并且还要完成相应的问题，都会感觉吃力，更不用说学生了。如果每节课开始的阶段学生都感觉难以完成，那么接下来的效果可想而知，针对物理的新授展示课，学校能否考虑学科特点，做到因科而异，不搞一刀切呢？”

可以肯定的回答，针对学科特点探索符合学科特点的高效课堂教学模式，应该成为下一阶段课改探索的一个重要内容，这样才符合实事求是的精神，才是辩证地看待问题。

但在探索符合学科特点的高效课堂教学模式的过程中要特别注意以下几个问题：

1. 各学科的教学模式应该在学校总体“三模九步”框架之下，绝对不能抛弃我们经年的探索成果另起炉灶，在学科教学上应该既有模式的总体特点又应该有每一个学科的特色。所以，在导学案各模块的时间分配上可以灵活安排，在具体的细节操作上可以灵活掌握。

2. 探索适合学科特点的高效课堂教学模式绝对不能出现教学理念上的“复辟”。课改的成果必须维护，所有学科教师必须在新课改的理念指导下，本着“自主、合作、探究”的学习方式，探索课堂教学模式，组织学生的“独学、对学、群学”，训练学生的思维，培养学生的能力，奠基学生的终身发展。

3. 一定要处理好“教”与“学”的关系。新课堂一定要把关注学生的“学”放在首位，要相信学生，想办法让学生真正的学会、会学、想学、乐学。老师的讲是精讲点拨，在学困处、学难处点拨。如果老师的讲解占据了主体地位，就应该考虑是不是老师的“教”掩盖了学生的“学”了。

4. 模式的学科特色要基本固定，既然是模式就应该有普适性，不是这次课这样上，那次课就可以那样上，否则便无所谓模式。学科特色的教学模式应该是各种课型都应遵守的一些基本的方法和要求。

第五章

课改面前无困难

《大学》:“知止而后有定，定而后能静，静而后能安，安而后能虑，虑而后能得。”大概意思就是，懂得停下来然后才能稳定，稳定然后才能冷静，冷静然后才能平心静气，平心静气然后才能仔细考虑，仔细考虑然后才能有所收获。在高效课堂建设的过程中同样需要有我们不断回顾反思的“定”，心灵空明的“静”，心态平和的“安”，深入课改本质的“虑”，此后才能有所发现，有所收获，才能针对课堂建设过程中存在的问题找出解决的对策和办法。

高效课堂建设确实是一个不断发现问题，不断解决问题的过程；是一个不断自我否定，不断自我更新的过程；是一个只有起点，而没有终点的工程。所以在课堂建设过程中被各种各样的问题所困扰是“历史”的必然，静下心来，针对校情、学情释疑解难也是课堂建设取得成效的必然。

课堂的流程是动态的，问题的出现也会是随时随地的，课堂高效的取得绝不是一蹴而就的事情。高效的打造需要耐心，需要智慧，更需要情怀。不是简单地模仿，而是一种理念内化于心的创造。

基础学习应该如何落实

“三模九步”课堂教学模式中，基础学习这一模块历来受到各学科老师的高度重视，然而，在实际教学中却发现老师们在基础学习部分操作上存在一些理解简单化，落实单一化，训练狭隘化的问题，因此在基础学习部分最后的学习结果往往与老师的初衷相差甚远，甚至收效不大。主要问题表现如下：

1. 题型单一。老师形而上学地认为基础学习就是做一些简单的训练题目，造成各学科千篇一律地在这一部分设置选择题、填空题等一些简单的题型。

例如，下面一道政治选择题：

当下，我国很多地方摊贩经营非常活跃，但存在经营不规范现象。有的地方以建立固定经营场所的方式给小贩提供经营空间，加强市场管理，规范摊贩的经营行为。促进这类个体经济的发展有利于（ ）

①实现按劳分配的收入分配原则 ②扩大政府调控范围 ③解决低收入群体的就业 ④方便群众的日常生活

A. ①③ B. ②③ C. ①④ D. ③④

这道题目主要考查个体经济的作用，老师要让学生掌握政治课本中关于个体经济的作用。选择题的形式是否不利于对知识的巩固？况且学生得出正确答案并不能完全说明学生对此部分知识真正掌握了，而这种题型目前已经成为各学科基础学习部分的主流题型。

2. 手段方式单一。老师简单地认为基础学习就是要做具体的题目，事实上，对学科知识的理解、记忆等同样是基础学习。既然是要夯实学科基础知识、基本技能就要以教材为根本，从“读、记、练、查”等几个方面入手：“读”，就是要细读教材，树立学习的信心；“记”，就是在熟读、细读教材的基础上，要认真记忆知识点；“练”，就是在读和记的基础上运用所学知识解决问题的过程，是对基础知识的巩固和提高，一般说来，练习不宜过深过难，应以基础性练习最佳；“查”，就是要检查好基础知识的落实情况，检查的方式可以多种多样，可以随时随地检查，可以以学生自查，同桌互查，小组长检查，教师抽查等方式。

3. 理解有失全面。老师们对学科基础知识的理解不全面，造成基础学习部分知识存在漏洞。例如，数学学科，基础知识就是数学中的基本概念、基本公式、基本方法、基本思想以及这些知识的构成结构。语文学科，可以分成四大板块：语言知识和语言表达，包含“字音”、“汉字”、“标点符号”、“词语”、“句子”、“修辞格”等基础知识及“扩展语句、压缩语段”、“选用、仿用、变换句式”、“语言简明、连贯、得体”等语言运用能力；文学常识和名句名篇，包括“作家作品”、“文学体裁”、“诗文名句”、“古代文化常识”四部分；古代诗文阅读，包含文言文阅读和古诗词鉴赏，文言文部分包括“文字”、“文言实词”、“文言虚词”、“文言句式”等古汉语基础知识，及“文言文断句及翻译”、“文言文文意理解”等文言文能力部分，“古诗词鉴赏”着重介绍鉴赏方法；现代文阅读，包括“阅读基本知识”、“现代文阅读考点分析”、“文学类文本阅读”、“实用类文本阅读”等等。作为老师，对学科知识的具体内容了解清楚了，基础知识夯实起来才能有的放矢，提高效率。

基础学习是我们学科教学中首要的问题，没有坚实的基础不可能盖起高楼大厦，没有坚实基础的学习也会变成无源之水、无本之木。采用多样的形式、丰富多彩的内容，灵活机动的检查方式夯实基础，在点滴的努力中，学生的基础扎实了，能力才会逐步的提高。只有夯实了基础知识，学生才能完成量变到质变的突破，才能破茧化蝶，我们的教学才能有长足的推进和发展。

题海战术是能力训练吗

最近，总是在提“夯实基础，提升能力”。“夯实基础，提升能力”是一个教学和备考中最常用的目标概念。几乎是年年如此，月月如此，天天如此，节节如此，好像谁不提这个概念，谁就没有摆正教学的方向，谁的教学就会是高耗低效。可是扪心自问，这么多年来“夯实基础，提升能力”这一教学目标实现了吗？没有。传统教育折腾这么多年，就是到了今天，很多地区的很多学校仍然只是把“夯实基础，提升能力”这一目标停留在口头上，本质上并没有具体的方法和措施使之得到落实。

提法本身是没错的，所以在传统的教学当中，为了实现这一教学目标，师生熬红了眼、熬瘦了身，老师们吐出了最后一根丝，把自己捆缚起来却也没能唤出春天的百花齐放，百鸟齐鸣。在传统的教学中，似乎不大量地做题，学生的基础就不能夯实，学生的能力就不会提高。十年前，我在教学生写作文的时候，一个学生写在作文中的一句话我至今记忆犹新：“老师每天天不亮就把我们摁在题海里，到了很晚的时候才把我们拎出来。”多么的形象、逼真啊。传统的教学不就是如此吗？或许大量的题海战术，真的能使学生的基础得到夯实，但是学生的能力得到了提高了吗？我们的学生为什么越来越厌学？为什么越来越没有创造力和创新精神？为什么越来越没有了好奇心和青春年少的活力？

传统教育教学观念根本就没有真正理解什么是能力。所以，在新课改理念下，也只有明白了什么是能力了，才能对症下药，提高学生的能力。《国家中长期教育改革和发展规划纲要》提出了“要培养全面而又个性发展的人”，“要培养具有创新精神的人”。试想，当一个人没有了创造精神和创新能力，能说他的能力提高了，发展了吗？当然不能。

要想真正实现提高学生的学习能力、创新能力，发现问题、解决问题的能力，就必须学会放手。李炳亭先生说“放手即是放生”，把机会还给学生，给他们创造提高能力的环境，给他们提供创新能力滋生的土壤。新课改理念下的自主、合作、探究，就是培养学生能力的很好的学习方法。高效课堂上的展示、点评、质疑、对抗就是培养学生思考问题、发现问题、解决问题，展现生命激情的最好的途径。让每一个学生的思维不断得到开发，让每一个学生的语言不断得到表达，让每一个学生的才能不断得到展现，当经过不懈的努力打造出一个有思想、会表达、能创新、有品位的人的时候，才是培养了学生的能力。

“提高能力”不能成为空想社会主义，为学生终身的发展，为国家、民族的大计，也要把它落到实处。所以，老师们还是应该更新理念，把自己锻造成一个全新的教师，该放手时就放手，多探寻方法，多思考路径。

题海真的不是“提高能力”的途径啊！

为什么要把学生的学习结果晒出来

昨天在语文课上训练学生名句默写，本以为不存在问题，结果仍然反映出了很多的问题，这不得不引起老师们的深思。

在名句默写中有这样一个题目：

逝者如斯，________；________，而卒莫消长也。（苏轼《前赤壁赋》）

这道默写题目的正确答案应该是："而未尝往也，盈虚者如彼"。

高考在即，总感觉孩子们已经花费了大量时间背诵名句名篇，如此千古名句根本就不应该出现问题，但是结果却恰恰相反，每个小组去两名同学到本组展示区域默写，结果十几名同学没有一个同学不会背诵，然而真正能得分者寥寥无几。一个共同的原因是会背不会写，名句中出现了错字。尤其是"而未尝往也"中的"尝"有的孩子写作"长"，有的孩子写作"常"，有的孩子写作"偿"等等。总之，学生们默写的结果让人大跌眼镜。

假如不让这些学生去展示区域把句子写出来，能暴露出这些问题吗？学生们能知道自己在这个名句上还存在问题吗？老师、学生能反思自己背诵名句的方法吗？感谢这次课堂展示的失误，失误使我们大家清醒，进一步看到了学习过程中存在的不足。推而广之，是不是在每一个学科，每一个学习环节上都存在着种种失误，之所以感觉不到就是因为没有把学生的学习结果晒出来？所以，晒出学生的学习结果更有利于检验学习过程的有效性。

“晒”就是展示，展示是高效课堂的重要的学习活动。李炳亭先生多次强调课堂展示的重要作用，展示就是发表、展示就是暴露、展示就是提升、展示就是创造。要想发现学生在学习过程存在的问题，最好的办法就是通过展示，把学生的学习结果晒在大庭广众之下，让众多的火眼金睛去发现问题，去纠正错误，去给展示的同学提出警醒，也让展示者自省。晒出学生的学习结果还有利于老师更好地把握学情，加强教学的针对性。所以，老师们在具体的教学环节中能让学生爬黑板的时候，尽可能地让学生爬黑板，一定要达到黑板板面利用的最大化。该让学生走下座位的时候就要让学生走下座位，动起来，晒出来，是提高课堂实效的最好的办法。

课堂掌声何时响起来

高效课堂应该是一个思想的火花不断碰撞的课堂，是一个思想自由奔放的课堂，是一个充满激情的课堂，这样才能真正出现“知识的超市，生命的狂欢”的局面。掌声，可以给课堂上那些精彩的生成以更大的鼓励，可以给暂时的胆怯以更大的信心，可以给每一个同学更多的精神振奋。因此，高效课堂同样也是一个因精彩纷呈而掌声频频的课堂。

然而，当一节课上掌声不断，甚至一节课的氛围需要靠掌声来维持时，是否该反思一下，这些掌声真的都有必要吗？学生们在热烈的掌声氛围中投入的深度够吗？到底什么时候该让学生报以掌声？

一次课上，因为一个同学完成的作业情况不好，我让这位同学在全体同学面前表态。可能因为高效课堂锻炼的机会多的缘故，这位同学并不害羞地走到教室前面的黑板前，大方地面对着全面同学开始了声音洪亮的演讲：“昨天我的语文作业，没有完成，是因为我给忘记了，今后我一定细心，不忘记做作业，而且还要做得更好。”看我的学生的表态多好啊，可这家伙还没有完，接着又说：“我的展示完毕，谢谢大家!”一听“谢谢大家”几个字，全班同学都报以热烈的掌声。

这种的情境真是让我无言以对，是啊，只要学生出现了“谢谢大家”便会引来同学们的掌声，这不已经成为我们课堂上的集体习惯了吗？“谢谢大家”几个字似乎成了课堂上同学们一致鼓掌的号角，由此可知，那些诸如“我们的小组展示完毕，谢谢大家!”“这道题我们还没有会，请其他小组讲解，谢谢大家”这些之后的掌声的意义到底有多大呢?

“掌声”不是高效课堂的标签，也不是调节课堂氛围的唯一手段。掌声应该是自发的，应该是真诚的，应该是带有鼓励和肯定性质的。在课堂上还是不要掌声泛滥为好。

高效课堂的掌声应该响起在课堂精彩生成的时候，应该响起在对抗质疑引发无穷思维火花的时候，应该响起在跃跃欲试却苦无门径需要鼓励的时候。总之掌声要在当响之时响起，不能靠掌声制造课堂的虚假的繁荣。

课堂聚焦有门道

新课改背景下的高效课堂是一个动态的课堂，一个生成的课堂，一个张扬着生命力和创造激情的课堂。所以课堂“聚焦”对打造实实在在的高效课堂来说就显得非常的重要。

所谓“聚焦”就是让学生的身体、眼光、思维都集中在课堂的某一个学习点上，从而创造一个氛围浓厚的学习场，提高同学们的学习效果。具体包括：

1. 聚焦展示或点评同学。展示或点评是高效课堂中重要的学习形式，它可以展现同学们的学习成果，反映同学们的学习思维过程，暴露学习过程中存在的困惑，点评则是生与生之间，组与组之间对学习成果、学习过程的评判。这些都可以说是学习的高级阶段，是课堂精彩的呈现。因此，让学生聚焦展示或点评的同学，可以达到学生之间更多学习成果的比较，更多的思维火花的碰撞，更多的生成创造的生发。同时，对展示或点评小组来说，同学们的聚焦会让自己感到有更多的目光在关注，这就可以促使自己更好地展示或点评，更好地鞭策自己再努力。

2. 聚焦黑板上各小组的困惑。在课堂上，我们常常要求各小组把在学习过程中存在的困惑书写在本组展示区域，以便达到组与组之间互相答疑，形成班内的大展示。各小组的困惑很多都是相同的，所以当彼小组的困惑得到解答时，实际上此小组的困惑也就得到了解答，因此，聚焦小组困惑的问题实质上是一个共同学习，解决共同困惑的过程。

3. 聚焦小组展示区域。这里说的聚焦小组展示区域是指必要的时候，让每个小组的同学走下座位去本组的展示区域谈论问题，去修正本小组同学的答案。这样更可以集中小组同学的注意力，提高学习的效果。不要简单地认为这只是一个形式上动的问题，同学们坐在座位上与站到黑板前，学习的效果是不可相提并论的。几个同学集中在一起，大大降低了学习过程中思维开小差，漫不经心的现象。

4. 聚焦多媒体。充分合理地利用多媒体可以提高课堂效果。通过多媒体老师可以快捷全面展示本节课学习过程中应该解决的关键性问题，可以给定学生规范的解题步骤，可以展示单纯的语言表述无法达到的形象真实的一些实验过程等等，让学生聚焦多媒体可以使学习的内容印象更深刻，更扎实。

气氛热烈的课堂就是高效课堂吗

“举手积极，声音洪亮；讨论热烈，辩论激烈；争问抢答，欢呼雀跃；多种角度，创新实践；笑逐颜开，热闹非凡”这种火热的氛围是杜郎口中学的课堂场面，在这种“热闹非凡”的氛围中杜郎口中学真正实现了把课堂变成“知识的超市，生命的狂欢”的目标。

现在一些老师在上课时为了追求上述的课堂效果，改变课堂上学生沉闷的表现，活跃课堂氛围，便在课堂上让学生设置了一些小游戏类的活动，于是学生的精神便一下子被某一个小组的游戏所吸引，达到了活跃课堂氛围的效果。

在课堂上老师也好学生也罢，为了调节课上学生的学习状态，有意制造一些活跃课堂氛围的活动这本无可厚非，而且有时也确实能起到汇聚师生精神、活跃课堂氛围，达到笑逐颜开、热闹非凡的效果，但是如果在课堂上，让一些与学习本质无关的笑话、游戏类的活动掩盖了学生的学习内容，抢了学生们的眼球，就是喧宾夺主，舍本逐末了，这样的课堂是不提倡的。

如在上一周听课中，发现有两节课都出现了类似的问题。其中一个学习小组为了在展示中带动其他小组的参与，展示本小组的学习成果，小组六位同学在本组展示区域内排成了一排，大家开始按游戏的内容自我介绍："我是黄瓜，我是西瓜，我是茄子，我是草莓……"小组成员介绍完毕，小组长宣布游戏开始，并且制定出游戏的规则，谁不能按质量完成游戏，谁就背诵这节课的知识要点。在众目睽睽之下"萝卜蹲"游戏开始了，进行了大约四五个同学，终于小组长指出，第五个同学反应慢了，应该惩罚，背诵知识要点。

就这个游戏对小组展示的作用而言，显然是弊大于利。首先课堂是以学习为主的课堂，尽管高效课堂提倡同学们在展示时可以各尽所能，形式多样，可以用诸如相声、小品、歌曲、顺口溜、舞蹈、绘画等多种表现形式，但是，必须明确一点那就是展示形式是紧紧围绕着学习内容的，而不是脱离学习内容的单纯的表演，更不用说游戏了。其次游戏活动的安排浪费了太多的时间，尽管游戏活跃了氛围，但是得不偿失。再次，通过游戏惩罚同学背诵知识要点，这明显反映出同学们的学习的积极性不高，不是积极主动地去展示，而是被动的，迫不得已的接受，这在调动学生的学习积极性上也不能起到很好的示范作用。

基于以上几点，应该说课堂上有些活动远离了课时学习内容，造成了喧宾夺主的现象，那么这些活动不论怎么能活跃气氛，都应该戒止。高效课堂需要让学生学会实实在在的东西，思维得到实实在在的训练，一切华而不实的东西都用应该摒弃。

学生不愿意展示怎么办

在小组展示的过程中，我们时常发现，小组中的个别同学总是靠边站或者干脆溜号，不愿意参与展示。高效课堂建设的初衷之一就是要面向全体学生，全员参与学习，全员参与展示，尤其要避免类似于传统课堂上只有优生展示的现象出现。

个别同学不愿意参与展示，这不仅对其本人的学习起不到促进的作用，更主要的是对本小组乃至全班的良好学习氛围的创造都会产生消极影响。因此，在课堂教学过程中要创造条件让每一个孩子都能参与学习，全身心投入学习，力戒个别同学不参与小组展示的情况出现。

“世界上没有无缘无故的爱，也没有无缘无故的恨”，深入思考一下，个别同学不愿意展示，究其原因不外乎以下几个方面：一是在独学、对学、群学过程中并没有深入到导学案中问题的本质，学得不深刻，理解的不到位，在头脑中就没有完整的展示思路，展示的时候就无话可说，所以干脆能不展示就不展示。二是一些学生的基础较差，总是有一种自卑心理，在学习上成功的体验不多，遭受的嘲讽和打击不少，对自己信心不足，生怕展示出错，遭到同学们的笑话。三是个别学生缺少进取心，没有明确的学习目标，其他同学的学习似乎与己无关，事不关己高高挂起，展示不想参与，这样的同学最不好处理。

其实每个人都有把自己光彩的一面展示给别人的愿望，渴望能得到别人的认可和赞许。那么，对这些不愿展示的同学应该采取什么样的具体措施呢？

1. 老师要善于发现并鼓励学生的优点，一个人常常生活在表扬和肯定的环境中，其自信心自然而然就会建立起来，就不会出现不愿展示、畏惧展示的现象。

2. 创造班级内和谐的、融洽的展示氛围，一个班级展示效果的好与坏是需要一定氛围的，如果班级内、小组内的同学们都以展示为更好的学习机会，视展示为最好的自我表现机会，每个人都积极参与展示，而不是扭扭捏捏，装腔作势，那么班级内、小组内争先恐后展示的氛围就会建立起来了，展示的氛围浓厚了自然而然就会减少不愿展示的现象。

3. 深化基础学习，加强独学、对学、群学环节。学生会了才愿意去展示，所以为了保证学生们在课堂上真正的学会，在引导学生学习的时候要特别注重基础知识的夯实和巩固，真正实现基于学情的教学，把自学的每一个环节不折不扣地落实到位，不走形式、不走过场，尤其是独学环节至关重要。

4. 指导展示的方法，明确展示的意义。学生不愿展示有时就是因为无从说起，抓不住头绪，针对这种现象老师们在导学案编制的时候对展示方案的提出就要具体明确，从读题、审题、解题、总结归纳、注意问题、发散引申等各个角度加以提示，方法有了，展示起来就会有章可循，有法可依了。

5. 敦促小组成员之间要互相帮扶。因为要求小组全员展示，所以展示绝不是某一个小组中个别同学的事，小组同学应该建立一荣俱荣、一损俱损的观念，优生要真心地帮助学困生，建立起积极和谐的小组学习氛围。

6. 量体裁衣、对症下药。小组中每个人的学习能力、学习基础是不一样的，在展示的过程中可以把一些基础的、简单的问题交给那些基础、能力相对较差的同学，让他们有充分的成功的体验，收获的感觉，自我价值的发现，当其被认可的时候积极性就会提上来了。

巩固展示课怎样高效

从实效性上考虑，学校对课堂的操作方法进行了改进，根据具体学情，把目前的课堂类型大致分为“预习展示”、“巩固展示”、“复习展示”、“试卷讲评”等几种。针对巩固展示课来说，一般安排在一两节、两三节新授课后，目的是为了对前几天的学习内容进一步巩固深化，加深印象。

巩固展示课的具体要求是按照“三模九步”教学模式，在基础学习部分通过一组具体的训练题目，让同学们在具体应用中达到对所学知识的理解复习巩固，能力提升部分则是让学生根据基础学习部分对具体题目的演练，总结出相应的方法、技巧、规律、解题注意的问题、解题所运用的定理、定义、公式、概念等等，是对所学基本知识、基本技能的自我总结、拔高、拓展、延伸。在前两个模块的基础上，老师再在当堂检测部分安排一组检测题目，作为对本节课学习效果的检查验收。这样要求是为了避免传统课堂上单纯的习题训练课或者习题讲评课的出现，是为了发散学生们思维，提升学生的能力，充分调动学生的积极性。

总体上看，老师们基本上都能按照规定的课堂模式、课堂流程完成巩固展示课的任务。但是在具体的操作过程中，却发现像数学、物理等一些学科，课堂的效果并不太好，通过巩固展示课也并没有很好达到学生对所学知识的深化和贯通。分析其原因，在第二个模块学生们总结所涉知识的内容时，只是像搬运工一样把前几节课所学的定理、定义、公式、概念等机械地照搬到展示区域，缺少对知识应用的深度思考，基础学习的结果和能力提升的表现不能有机融合在一起，给人一种贴标签的感觉。实质上是学生并没有真正把所学知识弄懂学会。

那么怎样才能让学生真正把所学知识弄懂学会灵活运用呢？首先还是必须做基于学情的教学，一切教学如果脱离了学生的实际都会成为空中楼阁。学生的学习基础、认知能力，都是在备课时候首先考虑到的问题，新课堂就是以学生的"学"为中心的课堂，如果我们背离了学情，而一厢情愿地去编制导学案，势必不能做到有的放矢。其次，考虑在课堂的自学环节上是否让学生学得较为充分，学生自学环节落实了，对训练题目分析、感悟的深刻了，才能真正明白解决这些题目运用了哪些定理、定义、公式和概念，总结出了哪些规律、方法和技巧。没有深刻的学习，就不会有深刻的感受，所以加强每一节课的自学环节是保证学习效果的重要前提。第三，导学案的编制要体现出一个较高的水平，所谓较高的水平就是在选择具体题目的时候一定要选择那些具有开放性的思维，能够灵活运用所学知识并且具有可生成性的题目，这样就可以给学生的课上学习提供一个较大的舞台，舞台大了，学生们才能更好地舞出自己的精彩。

要提高课堂效率，真正打造出高效的课堂，每一个教学环节都不能忽视。

巩固展示课该怎么上

将课型分为新授展示课、巩固展示课、复习展示课、试卷讲评课后，每一种课型都有不同的目的和操作上的不同要求。但是在“巩固展示”上，由于学校所给出的指导方法稍显灵活，致使有些老师上课感觉无从下手，主要表现问题：1.“巩固展示”所追求的大容量思维的训练得不到落实，感觉学生收获不大。2.对课堂展示环节过于死板，缺乏变通，致使课上造成了很多不必要的时间浪费。3.简单地练，简单地讲，忽视学生的“学”，传统教学中“讲练”教学形式抬头。总体上看，“巩固展示”到底怎么上效果更好还需进一步的明确。

首先，要坚持“三模九步”教学模式。这一教学模式，是结合学情，经过长时间的探索总结出来的经验。所以，在导学案的编排上，依然要坚定的按目前导学案的模板去做。把“巩固展示”中的具体训练内容划分到“基础学习”、“能力提升”和“当堂检测”三个模块之中。对三个模块的内容怎么处理，老师可以灵活一些，可以限定时间让学生把“基础学习”、“能力提升”两部分内容一起完成，再做下一步学习。

其次，明确课堂流程，有条不紊。就整个课堂流程来看，大致可采用这样的学习方式，限时训练—明确答案—小组讨论—小组展示困惑之处—组间答疑—老师精讲点拨—整理回顾。另外，为确保小组讨论的实效性，老师可以预设几个关键问题，让学习小组带着这些具体问题去探究、讨论。

再次，明确展示的必要性。并不是说“巩固展示课”为了加大对学生的训练量就不再需要学生的展示，如果课堂上没有展示就不会有暴露，教学就会缺少针对性。具体操作方法，我们可以让每个小组讨论完毕后，在本小组展示区域内重点展示本组的困惑之处，对于暴露出来的困惑，各小组间可能相同，也可能不同，这就需要进行问题归类，组间互解、互答或者老师精讲点拨时只需对归类后的问题作答即可，这样可以节省很多的时间。对组间答疑的同学老师可根据需要灵活安排。

第四，完善导学案模板中的内容。学案中的“基础学习”、“能力提升”和“当堂检测”三个模块中所涉及的具体训练内容的安排老师们都已驾轻就熟。但还应注意导学案中展示方案也要明确具体，不可忽视。另外还可针对本节课的巩固训练内容在导学案中预先提出几个关键性问题，以便学生独学或群学过程中加强针对性，提高课时效果。

限时训练课、展示课怎么上

高效课堂的理念之一就是要培养学生的自主学习能力，我们的限时训练课、展示课中的基础学习、能力提升部分以及复习课、讲评课中的需要学生动笔操作的部分都包括大量学生的独学内容。如何提高学生的学习效率，提高训练成效，每位教师都应认真思考并大胆的尝试，总体上要让学生真正动起来，这种动是心动、神动和行动，而不是躁动和乱动，要让学生真正投入进去，充分暴露其学习的结果，促使学生对自己的学习有一个较为清楚的认识。为此提供给老师们关于学生独学过程的两种具体操作方法，以便参考落实：

限时训练课：

1. 独学——老师提供答案——小组群学讨论——小组提出疑难——组间互解——老师精讲点拨——强化记忆。

2. 独学——小组群学讨论——小组提出疑难——组间互解——老师精讲点拨——强化记忆。

在独学过程中不必每个学生都在座位上答题，应该尽可能让更多的学生到黑板上去做，这样尽管做题的速度会慢一些，但会集中学生的注意力，促使他们真正地去思考，暴露学习过程中存在的问题。当然到黑板做题有时学生感觉不难，但也有时会出现学生感觉难度大，不知如何下笔。这时老师一定要本着宽容、理解、欣赏的原则，鼓励学生大胆动笔，尽可能多写一些内容，哪怕只写了一个公式老师都要给予认可，坚决避免一片空白的现象存在。

在展示课基础学习、能力提升部分的独学时也可以让部分学生到黑板上去做题，此时老师们大可不必评价他们做题的质量，只需让板书的同学把自己的答案放到小组中讨论即可。

不论什么样的课型，都要本着相信学生、解放学生、利用学生、发展学生的理念去做。老师要真正成为学生学习过程中的“幕后英雄”。

学生展示为什么声音不洪亮

总听老师们抱怨，“这节课学生的声音太小了”、“为什么我的学生展示的时候声音不大”。在巡课时也发现，课堂上学生声音不大甚至细若游丝的现象真的不在少数。

年轻人本来是朝气蓬勃的，应该“乳虎啸谷，百兽震惶”，但是为什么我们的学生在课堂上表现出来的声音却声如细丝、声若蚊蝇？再比较同学们在课下时候的表现，发现这些孩子们相互交往的时候没有谁是声如细丝、声若蚊蝇的，课上课下简直是判若鸿泥。这就需要认真分析一下课上表现不佳的原因了。其实，课上学生在展示或其他环节上声音不洪亮，最主要的原因有两个，一是学生对个人的展示、回答没有信心，怕自己的错误暴露在大庭广众之下，总是想用细小的声音尽可能的掩饰，躲躲闪闪，其结果往往是欲盖弥彰，让老师同学费解甚至生厌。俗话说“理直气壮”，有了充足的理由才能底气十足，学生对自己的展示没有足够的信心自然而然声音就不会洪亮了。二是学生学习基础、学习能力相对较差，多年的学困生生涯，无数次的打击、嘲讽和遭受的失败，造成学生无论是否课上真的学会，都不会在课堂上大声表达自己的思想观点。一句话，学困生的习惯使然。

分析了这些原因，就不应该再一味地抱怨和不满了。而应该拿出解决问题的措施，帮助学生振奋精神，放开喉咙，努力展现作为青年人应该具有的精神和气质。

所以基于以上两个方面的原因，要采取针对性的办法。首先，没有信心的，要建立起信心，这个信心来自两个方面，一是在独学环节，保证学生能够充分的独学，学通、学透、学会，尽可能地把独学环节做充分，即使有些问题自己解决不了，在对学、群学环节中也要把问题解决掉。每一个环节学生都学得都很充分了，那么展示起来自然而然能理直气壮、声音洪亮，试想有哪一个学生不愿意把自己最光彩的一面展示给同学们，创造自己精彩的瞬间呢？展示就是发表，就是创造，就是展现自我的聪明才智！尤其是处在青春萌动时期的少男少女们更是如此。二是要想学生有信心，还要关注老师导学案编制的质量，我们一直在提倡基于学情的教学，老师编制的导学案如果脱离了学生的实际学习能力，给学生的学习带来师为的困难，就会造成学生学习大面积的歉收。如果学生连对导学案中基本问题都不能够很好的解决，在展示的时候他能有足够的信心吗，能够理直气壮吗？能够放开胆量进行质疑和对抗吗？而对于那些长期备受压力、遭受讽刺和打击而再也不敢大声回答问题的同学，则需要老师们拿出耐心、放大爱心，鼓励学生勇于展示自己，多发现学生的优点，即使错了也不要责怪、抱怨，甚至还要挖掘出哪怕其自身存在的百分之一的正确，当一个孩子被肯定的时候多了，自然而然就会乐于展示、勇于展示、声音洪亮地展示了。

对于那些没有大声展示习惯的同学要提醒他声音要洪亮，放开喉咙，一次不行就两次、两次不行就三次，要把声音“喊”出来，经过长时间的训练就能做到声音洪亮地展示了。

课改理念内化于心怎么这么难

昨天听了一节生物实验课，应该说在课题“溶液中色素的提取”的选择上还是具有很好的创意的，题目本身具有很强的探究性，动手操作性，完全能够引起学生的兴趣、激发学生的探究欲望。然而一节课下来，并没有看到学生在探究学习过程中的喜悦和收获，更没有发现老师在引导、参与学生学习过程中的幸福和快乐。究其原因，责任完全在于老师，在整个一节课的流程中老师并没有按高效课堂的要求、理念去操作，而是完完全全的传统教学的复辟。悲哀！

高效课堂的理念彻底落实到每一位教师的内心深处怎么就这么难呢？难道真的是高效课堂中那种自主、合作、探究的学习方式不适合我们吗？非也，当个别人在用种种借口反驳新课改理念的时候，其本质就是思想的顽固与懒惰。高效课堂建设是不分国家和民族界限的，适用于彼也同样适用于此，只是在具体操作上要具体问题具体分析而已。同样，“三模九步”课堂教学模式不仅在教室里面适用，在实验室里同样适用，并不存在“橘生淮南则为橘，橘生淮北则为枳”。

在这堂课上，老师表现得相当的急躁，为什么？因为学生的表现并没有达到老师理想的要求，老师越急躁，学生越是不知所措，其结果可想而知。高效课堂建设中一再强调要理解学生、欣赏学生、宽容学生。如果一节课当中充满了老师的抱怨甚至是恨铁不成钢的愤恨，那么学生的心情会是如何，以此心度彼心的话，必然产生负能量效应。

老师并没有让学生在探究过程中对实验现象、实验结果的分析进行讨论和交流，只是单纯让学生一个个到前面向同学们介绍实验的情况，这样的效果怎么样呢？答案就是老师急躁，学生慌张。高效课堂历来主张自主、合作、探究的学习方式，何况这节探究实验课更能培养学生的探究意识。如果学生在分组实验结束之后，让学生再讨论、展示、质疑，课堂会很精彩。尤其是在展示的环节上更要做得充分，因为课堂展示的精彩才是真的精彩，学生的精彩才是真的精彩。

老师越俎代庖，事无巨细，老师的嘴巴完全剥夺了学生的思考。一节课当中，老师的嘴几乎不住地在说，在抱怨，老师的面部表情几乎全是在阴天和多云之间转换。该学生总结的老师总结了，该学生感悟的老师感悟了，学生完全成为配合老师完成任务的木偶。这样的课，学生简直是在遭罪啊！

这些老师们该反思了，为什么做一个善于思考、善于探索求证的老师这么难？为什么将高效课堂的理念内化于心这么难？

为什么会出现乱堂现象

近日，时常听一些年轻老师抱怨，高效课堂的建设成效不大，反倒是把学生弄得越来越不好管理了，而且还“引经据典”地说，校长反复讲，对学生一定要本着宽容、理解、尊重、信任的态度，让学生在一种宽松和谐的氛围中学习文化知识，所以一旦出现学生上课独学时不投入，群学时不参与，展示时靠边溜号，甚至目无老师打闹、嬉笑、玩耍等各种现象时，就没办法去管，造成课堂学习氛围很差。

谬矣！谁讲过高效课堂的建设可以让学生漫无天日的玩？如果课堂的建设给孩子们创设了一个不学习的环境，制造了一个可以不学习的理由，那么大可不必冠之以高效课堂的名号。这纯粹是对高效课堂的一种误解。

一些老师在课堂掌控上出现乱堂现象，有以下几种原因：

1. 对高效课堂的理念没有真正的内化。对课改理念学得了皮毛，得不到精髓，而在整个学校的课改环境中又不得不随波逐流，所以一旦出现课堂操作不如意之处，便把一切都归罪于高效课堂，似乎“高效课堂”成了造成学生不学习的罪魁祸首。高效课堂主张要相信学生，理解学生，利用学生，发展学生，要对学生宽容、理解、尊重、欣赏，这些是有一定条件的，这个条件，就是学生必须在学习的状态下，否则，一切都免谈。无视学生课上打闹不是宽容，是纵容。道理显而易见，无须解释。

2. 教师要坚持提升自身素养。现在的年轻教师比较多，因为走出校园没有几年，学生时期的那些随随便便的做法仍然很明显的在自身存留着，为人师表的意识比较淡薄，加之教育的方法、教育的手段也不是很多，因此，遇到学生不听话、课上目无老师现象，便束手无策。同一个班的学生在别的老师上课的时候都能够欢呼雀跃的学，唯独自己上课明显感到学生不配合。真的要让自己的课堂高效起来，还是先修炼自己，让自己的学识丰厚起来，让自己的经验丰富起来，让自己的理念彻底更新起来。教无定法，教学是讲究灵活机动，随机应变的。

3. 缺少基于学情的教学，教学内容缺少针对性。对学情的把握是一节课是否成功的关键，学习的起点过低或过高，都会造成学生不愿意参与学习的现象。尤其是起点过高时，当学生面对努力也不可能学会的内容，他还能积极参与到学的过程中吗？学生无事就要生非，这是天经地义的事情，所以要想真正让学生参与到学习中去，还是想办法让他能够学有所得，让他感到自身的价值，那么，这个前提就是我们基于学情的教学。

4. 老师的教学设计严重桎梏学生的思维训练、能力训练，课堂干瘪无味。现在仍然有老师的导学案设计只是停留在习题堆砌的层面，学生所面对的只是一个个具体的题目，这道题会就是会，不会就是不会，缺少思维的宽度和深度，学生觉得索然无味。在导学案的编制上一直提倡知识问题化、问题情境化、问题探究化、问题层次化。如果我们在导学案的设计上能够给学生创设足够宽广的思维空间，足够宽广的展示舞台，让学生倾其所能，全力展示，甚至达到自我欣赏的地步，此时的学生还会不参与课堂学习吗？所以，创设思维的空间，创设自我展示的舞台，对于调动学生的学习积极性是非常重要的。

对“老师教学反思”的几点看法

1. 总是强调高效课堂就是要让学生快乐起来，但对于我来说，上一节课是非常不快乐的，看着他们那懒散的样子，我就会发脾气，发完脾气后日子还照样得过，所以我的耐心越来越少，不但觉得走进教室没有快乐，而且觉得越来越痛苦。每次都是一张热脸会碰到一盆冷水，有时上课真的很气愤，学生总是不好好学习。

老师们啊，如果我们每天都怀着一个恨铁不成钢的心态面对学生，自己能快乐起来吗？当老师快乐不起来的时候，学生能够感到学习的幸福和快乐吗？新的课改理念下打造高效课堂的目的就是为了让学生感到学习的幸福和快乐，让老师们感觉到教书育人的幸福和快乐。那么，要实现这一情感目标，首先老师们就要真的能本着理解、尊重、宽容、信任、欣赏的原则去面对每一个学生。必须时刻明白，学生就像小树一样需要每天精心的呵护、栽培，学生在学习的过程中出现各种各样的错误是很正常的，如果对学生的这些错误老师不能给予充分的理解，就会造成学生和老师的双重焦虑。学生学习的积极性，学习的情趣，学习品质的培养都是需要老师们用耐心、用爱心去打造的。不急躁、不冒进，调整心态，用爱去换取爱，可能是解决这种课堂状态最好的办法。

2. 原来考虑到数学还有一本书没有讲，怕进度不够，所以期中考试前又往下进行了一些内容，预留了半个月的复习时间，但事实上因为各种原因，复习不到位。

教学是为了学生学会、会学，而不是为了完成所谓的教学进度。反复强调过多次，一定要让进度服从质量。否则教学就真的是自欺欺人了。在教学中，应该多关注一下学生到底学会了没有，而不是只考虑进度完成了没有。高效课堂更应该关注的是学生的“学”，而不是老师的“教”。

3. 有些知识书上没有，要引入、要呈现、要讲解，但总觉得让学生自己看，看不透彻，看不到知识的关键点，而一旦老师精讲就容易超时。

不能说在教学中引入一些课本上没有的知识是不应该的，但对引入教学中的课外知识，一是本着少而精原则，二是学生易于接受的原则，三是切实有必要引入的原则。课上，最根本的就是首先学会课本上的最基础的知识，否则会给学生增添很多的学习负担，结果得不偿失。另外，要相信学生，老师的讲解一定要精讲点拨，着重对学生思维的点拨，而不是面面俱到，当老师们把相关的知识点讲解的细致入微的时候，学生的思维能力、创造能力也就被剥夺得差不多了，更不用说课堂上时间的紧张了。

4. 高效课堂的理念是如果学生做对了，教师就不用再重复了。

这根本就是对高效课堂的一种误解，课堂需要学生展示，也需要教师精讲点拨。但是老师的精讲点拨要看准时机，把握尺度，绝不是学生把展示的内容做对了就一律不需要教师点拨了，要分析学生展示对了的是不是只是单纯的解题结果。学生的思维过程暴露了吗？学生对解题的关键点把握了吗？对解题的方法技巧总结了吗？等等。即使以上这些内容学生都展示的很不错了，对于一些重要的知识点，老师还可以再进行精讲点拨。教学是需要灵活把握的，不存在一成不变的规则。

5. 语文学科本来就很枯燥无味。

我本身是语文教师，但我从来不承认语文学科是枯燥无味的，相反，语文学科是非常富有情感，生动形象，博大精深的学科。关键是是否把握了语文学科的本质，在一个认为“语文学科本来就很枯燥无味”的老师的课堂上，语文课肯定是“枯燥无味”的，当学生们每天都面对“枯燥无味”的语文课，学生还能有多少学习语文的兴趣呢？作为语文老师要研究怎么能化繁为简，深入浅出，形象生动的讲课，要丰富自己的语文知识，绝对不能把语文学科看做是只解决具体的试题题目的学科，那样就背离了语文学科的本质。

6. 学生现在还是很想念传统的课堂模式，从思想上有些学生还不是很接受新课改。

到底是学生仍然对传统的课堂心怀挂念，不愿接受新课改，还是老师们对传统的课堂情有独钟，不愿接受新课改？我想只要跟学生做一个非正式的调研这个问题就不言而喻了。个别学生在课堂上不能按老师的要求去做，不配合老师，这种现象是会有的，但因此就认定“学生现在还是很想念传统的课堂模式，从思想上有些学生还不是很接受新课改”这个观点太武断了，高效课堂需要用老师的激情去点燃学生的激情，给学生思维的空间、创造的空间，表现的空间，这是符合人的天性的。如果我们不能把握新课改的理念，而只是形式上的模仿，学生当然不会感到新课改的快乐和收获。

课堂审美疲劳现象的思考及对策

高效课堂的建设，目的是为了追求“知识的超市，生命的狂欢”的课堂学习境界，是为了让师生在课堂上展现学习热情，激发探究的兴趣，喷发出生命的激情，张扬充满活力的个性风采，从而乐而忘忧、乐此不疲地去学习，去构建。

然而在“三模九步”教学模式运用不断成熟的同时，也逐渐暴露出课堂上师生对课堂流程表现的审美疲劳现象。具体表现为，老师对课堂模式驾轻就熟，心不在焉，功夫用在课堂流程上的多，时间到任务完，深入学习内涵不够，深入学科特点、学科本质不够，对学生思维的发散、能力的提升不够。老师的责任意识、理解能力、探索精神下滑，造成课堂效果应该高效却不能高效。

在学生方面，目标意识淡薄，把学习过程肤浅化，满足于完成导学案中的训练内容，不愿积极主动发散思维，展开想象，提升能力，把独学、对学、群学视为一种可有可无的过程，尤其是在展示过程中生成、质疑、对抗基本上被丢到九霄云外。这样虽然小组展示看似行云流水，但是表象的流畅掩盖不住念展念答表面化学习本质，暴露出所学知识没有真正地内化，课堂呈现不出应该具有的精彩。其他小组则是把“听”展示作为自己的主要任务，小组展完，自己“听”完，知识如过眼云烟。

老师的怠惰、学生的敷衍使所谓的高效课堂波澜不惊、味同嚼蜡，更寻找不到课堂上生命的张力。长此以往，千辛万苦打造出来的课堂教学模式真的要岌岌乎殆哉了！

其实，退一步想，课堂审美疲劳现象的出现也是在高效课堂建设过程中一个必然的发展阶段。高效课堂就像我们精心构建的一座花园，里面有红的花、绿的草，高大的树木，低矮的荆棘；有曲径通幽的小路，有辐射四周的广场。但是，天天走在这个花园里，时时走在这个花园里，稍稍不同的是，领孩子们走进花园的向导有了些许变化，但左变右变，还都是那么几个向导，如此一来，再精致漂亮的花园，再轻车熟路的向导都不会激起孩子们的审美欲望，此时的向导当然也成了程式化的、了然无味的向导了。

假如，花园中常常都能有新鲜的东西呈现给孩子们，或许可以有所改变。即使改变不了已栽种下的花草树木，改变不了已经铺就的羊肠小道和宽阔的广场，还可以引进一些小鸟、小猫、小狗、小兔子等动物，让动态的景象增添游玩的情趣呢。师生进入到花园每天都会听见不同的鸟声，叽叽喳喳，看见不同的动物，猫、狗、兔子、狐狸等等，那孩子和向导还会感到天天如此、课课如此的厌倦吗？《大学》中讲到“苟日新、日日新，又日新”，每天都有不同的感受，课堂才会真正是充满魅力的课堂，真正是高效的课堂。

那么，到底怎么做才能让我们的课堂永葆青春，“读你千遍也不厌倦”？一个词——创新。要在现在的课堂基础上进一步创新，重要的要做到以下三个方面。

第一，探索现有模式的创新点．可以说“三模九步”课堂教学模式发展到现在已基本成熟，凡是成熟了的东西都容易变得保守。那么，可以在哪些环节上进行创新呢？最主要的要在展示环节上。因为展示是一节课的精华所在，不仅仅是学生学习结果的呈现，更是孩子们思维、智慧的展现。要打造课堂展示环节的创新点，可以着重在这几个方面下功夫：质疑、生成、对抗、补充。

课堂上如果“假学”的成分多了，课堂的激情肯定就少了，这是一个辩证的关系，假的东西不可能催人泪下，引人深思，相反还可能令人生厌。所以想办法让孩子们学会、学深、学透应该是每一节课把握的目标。同时可以给学生一点压力，比如规定展示小组要有对知识点的联系和延展，其他每个小组都要进行至少一次质疑和对抗，把这些要求作为对小组评价的一个方面，促使课堂活跃起来。

第二，创新具有学科特色的教学模式。在高效课堂建设初期就提出一定要探索具有学科特色的课堂教学模式。但是，一直以来没有形成真正具有学科特色的教学模式，老师们的探索仍然只是在“三模九步”基础上修修补补，小打小闹，探索成效不大。“三模九步”模式是具有各学科普适意义的模式，它在关注学科教学共性的同时，并没有过多地关注学科的特性。但是，在老师们具体操作中，对模式不敢越雷池半步，这实质上是思想懒惰，不愿意思考、探索、求证的表现。所以现在的课堂上，大家都是千篇一律，真的是“见一叶落而知岁之将暮，睹瓶中之冰而知天下之寒”了，缺少看点。数学课的流程与语文课无异，政治课的流程与生物课无差。课堂就像个体的生命一样，当大家都没有了个性，世界会是丰富多彩吗？是山就应该有山的巍峨，是海就应该有海的宽阔，语文课就应该体现听说读写，数学课应该有严密的逻辑思维，政治就要关注当下的时政要闻，地理就要走进地图，走进生活。不能什么课都千篇一律，泯灭了个性。什么课都上成习题训练课，这绝不是学科的特色，也背离了学科的本质。题目的训练必不可少，但丰富多彩，姿态万千的课堂更为重要。尤其在师生对模式出现疲劳时，探索模式下的学科特色就更迫在眉睫。

第三，大胆创新，突破现有的“三模九步”课堂模式。庄子有言“大象无形，大音希声”，任何模式发展到一定阶段都会成为一种桎梏，唯有打破模式才是更高层次的创建。打破现有的课堂教学模式，是我们高效课堂的最终发展目标，是课堂建设的理想。有全新的理念，才能做到课堂教学“从心所欲，不逾矩”。“三模九步”更多关注的是课堂的外在流程，而对课堂“神”的追求，才是课堂的内涵与本质。引用陶继新先生的话说就是：“对‘神’的追求，比起一般所说的遵循教学模式进行教学更为重要。真正高品质的教与学，需要模式，又要超越模式。而要想超越，要想‘从心所欲，不逾矩’，就要在‘神’上下功夫，即我们古人所说的在‘道’上去追索。教与学中也有道，那就是乐教善教与乐学善学的生命规则。老子说：道生一，一生二，二生三，三生万物。有了道，不仅可以在课堂教学高效中体验其美好，在做任何事的时候，都可以乐而忘忧地抵达成功的彼岸。”所以，一旦我们的课堂达到了突破课堂教学模式的境界，那么师生所面对的每一天、每一节课都是新的，还会感到厌倦吗？还会出现审美疲劳吗？“山重水复疑无路，柳暗花明又一村”，这不仅是景象，更是境界。如果真能把握了课堂的“道”，我们的高效课堂建设才算真的登堂入室了。

真假高效课堂之辨

在新的教学理念和教学模式下，学生提高了学习热情，活跃了思维，师生间和谐了关系，融洽了氛围。确实给师生带来了很多的幸福感和学习工作的愉悦感。

然而新学期开学伊始，却发现有些课上的并不理想，其主要表现在：

其一，有些老师在新课改的理念上又出现了向传统课堂回归的倾向。经过一个假期的休整，课堂的基本模式的操作细节很多被忘掉。假期中那种思想的滞钝在学期开始的几天工作中仍然没有彻底转变，年轻教师身上应该具备的工作激情没有焕发出来，当这些问题没有解决好的时候，传统的教学思想就逐渐抬头。因为在传统的教学理念下，只要老师准备了教学内容，不用考虑学生是不是能学会、会学，老师就可以完全按自己设计的教学思路走下去，心中只有自我，目中全无学生。这种课堂是最好操作、最简单，也是最不负责任的课堂。

其二，按要求的课堂教学模式操作，但是并没有真正落实高效课堂的理念，感觉一节课下来，学生收获甚微，该会的不会，该发展的仍然没有得到发展，整个课堂给人一种非常浮躁的感觉。甚至在某种程度上学生成为配合老师完成“三模九步”教学模式的木偶，这样的课堂老师课上关注的仍然是自己的教，而不是学生的学，实质上仍然没有摆脱传统课堂的本质。

其三，学情调查不充分，不论从导学案编制还是课堂操作上，都有表现，想当然地认为学生应该会这部分会那部分，课上的每一个环节都显得匆匆忙忙，浮光掠影，最终留下的困惑也很多。

要想真正搞好高效课堂的建设，除了需要老师们真正树立为孩子们的终身发展服务的强烈责任感外，更需时刻关照新课改理念。

新课改的目标就是培养适合时代发展需要的全面而具有个性的人才。

新课改学习的核心理念是自主、合作、探究。

新课改理念下的学习方式是自学、对学、群学。

是否是新课改理念下的高效课堂，标准应该包含这些因素：

1. 学生是否能学会、会学、想学、乐学。

2. 学生课上是积极主动参与，还是被动配合。

3. 学生一节课下来是否真的有了收获。

4. 学生是否感受到了学习的幸福和快乐。

当课堂一旦背离了新的课改理念，变成单纯的模式上的操作，课堂也就变成了一种伪高效课堂。在课堂建设上还是本着实事求是的原则，不自欺，不欺人，不弄虚作假，我们面对的不是机器产品，而是活生生的人！

高效课堂建设
拷问老师的创新能力

“创新”是当下教育中非常时髦的一个词语，二十一世纪被定义为“创造教育世纪”。《国家中长期教育改革和发展纲要》也把培养具有创新精神的人才摆到了十分重要的地位，足见创新对国家、民族未来发展的重要意义。

高效课堂建设正是在新课改的理念下，以培养具有自主、合作、探究精神的人为目标的教育方式。高效课堂的建设，确实焕发了学生们的学习热情，让学生体验到了学习的快乐和收获。当高效课堂建设正在突飞猛进，一路高歌的时候，却发现一些科目仍然存在着一些问题，择其要，就是我们要培养具有创新意识的学生，可是我们的老师却缺少相应的创新精神。

创造性人才要通过创造教育来培养，创新型教师才能培养出具有创新精神的学生。当今的新型教育中，老师的作用也并非如韩愈所说的“师者，所以传道、授业、解惑也”。要真正培养起学生的创新精神，就应该在把握学情的基础上，培养他们敢于展示、大胆质疑的学习习惯和勇于质疑释难的行动能力。这要求教师本身要有丰富的知识，并不断积累新知识，在课堂上做到对学科知识、对课堂教学流程融会贯通，得心应手。如果一个教师自己只是按照参考教案，循规蹈矩，墨守成规，那么在下面等着引导和指导的未来栋梁们又怎么会不人云亦云，鹦鹉学舌？

在近一个学期的听课、巡课、赛课活动发现，数次遇到数学公开课上，老师们都在进行着同一个教学内容，就是数学中的数列问题，包含着等差数列、等比数列。为什么不同的教师在公开课上都讲授同一个问题，是不是因为这块儿的知识体系比较明显，难度不是很大，学生容易理解和接受，上课的效果比较好？带着这些疑问，询问相关的教师，果不其然，此部分内容为高一年级的学习内容，在高中数学所有内容中属于学生学起来相对轻松的部分。呜呼！难怪几位做课的老师都前前后后不约而同地安排了这一章节的学习。在此，要提出几个问题了，第一，做课的目的是什么？是为了让观课的老师们感觉自己的课非常的成功，非常精彩吗？第二，教育的目的是什么？是为了孩子们完成几个数学问题，还是交给孩子们“打鱼”的方法？第三，学生的创新能力的培养注意到了吗？教师自身在创新意识上给学生们一个什么样的榜样的作用？如果做深一层次的考虑，其本质就是老师们在做假，老师们本身缺少的就是应该教给学生们的那种发散的思维习惯，那种开拓创新能力。因此，高效课堂建设实质上也在拷问老师的创新能力。

教师的创新能力是作为教师的整体素质的核心。它不仅仅表现为智力方面对知识的学习和运用，对新理念、新教学技术的发明和运用，而且是一种追求创新的意识，是一种发现问题并积极探索的心理取向，是一种善于把握机会的敏锐性和积极改造自己、改造环境的应变能力，因而它更是一种人格特征，一种精神状态。创新能力也是教师各种能力中的高层次的能力。能不能具备创新能力是衡量一位教师是否成为创新型教师的重要标准。创新型教师的人生应该是“午午春草绿，年年草不同”。

魏书生是辽宁省盘锦市实验中学的校长，盘锦市教育局长，兼任两个班的班主任，承担两个班的语文课，经常去外面讲学，却从不让别人给他代课，而他的学生照样考出好成绩。这恰恰是他勇于创新的成果，其先进事迹折服了全国无数的中小学教师，成为享誉国内外的教育专家。

教育专家申纪云先生在《创造性教学》一书中认为，创新型教师具有创造性教学思想和教学方法，善于从客观的实际和具体的教学条件出发，制订最优化的教学方案，致力于培养创造型学生和卓有成效的教师。创新型教师有其突出的特征，一是创新的教育观，二是丰富的知识结构，三是较高的教学能力，四是较强的管理能力，五是高尚的职业道德。

创新型教师不仅使学生知道过去，尤其重视教学生关心明天，创造更加美好的未来；不仅是指导学生学习生活的“严师”，而且是拓展学生心灵和智慧的“人师”。创新型教师本身就是一个富有创新精神和能力，对错综复杂的多元社会应付自如的创新楷模，给学生的创新提供精神导航。

千篇一律、鹦鹉学舌的“表演课”在高效课堂建设中应该叫停了。

课堂打假势在必行

“假”是人人厌恶，谈之色变的问题，假烟、假酒、假药、假米、假面，甚至假官、假爹、假妈，“假”，似乎在当今社会无处不在，无孔不入，“假”坑害了多少善良的国人，“假”，让多少缺乏敏锐辨别能力的人深受其害，所以人们面对“假”的东西就应该拿出痛打落水狗的精神，把“假”打到万劫不复的深渊。

然而，反思课堂，是不是在高效课堂建设上同样存在“假”的东西？君不见，本来需要 10 分钟完成的训练题目，老师只限定 3 分钟，然后匆匆忙忙进入讨论展示环节，学生没有经过深思熟虑的内容何来讨论展示的精彩，这是课堂上老师为完成课堂流程而做“假”；君不见，学生展示的时候手拿导学案，目不转睛、念念有词，从头到尾，念展念答，这是因为学生在独学、对学、群学的过程中没有达到知识的完全内化，为完成本小组的展示任务而做“假”；君不见，一节课结束前，老师处理完导学案，要求学生整理导学案，部分学生东张西望、无所事事，脑不动笔不动，最后导学案上仍然一片空白，而老师却视而不见，不闻不问，这是因为老师对学生不负责任，学生对自己不负责任，师生双方因做事虎头蛇尾的意识而做“假”；君不见，当堂检测部分，本来应该学生独立、限时完成，而有的同学却优哉游哉，信马由缰，缺少紧张的氛围，把检测当成一般的练习，这是因为学生对训练的目的不明确而做“假”；君不见，老师辛辛苦苦编制的一份导学案，其难度、其数量让学生感觉如登蜀道，望而却步，这是我们老师因为不了解学情而做了“假”。总之，只要睁大眼睛，就会发现我们课堂上的“假”。如果“假”的东西充斥了课堂，课堂效率还会高吗？高效课堂还能建设好吗？因此，高效课堂建设一定要大张旗鼓、大刀阔斧、雷厉风行、干净彻底地打“假”！消灭了“假”，课堂建设才会有希望，我们的孩子们才会有希望！

认真反思，造成课堂存在“假”的根本原因还是在于老师。告别了传统课堂，要建设全新的课堂，首先应该树立全新的教育教学理念，唯如此，才能打造真正的高效课堂。

因此，一定要在新的教学理念下，重建教学关系，即变老师的教为中心为学生的学为中心；重建师生关系，即变课堂上的老师为中心为学生为中心。课堂上一切的出发点是为了让学生学会、会学、想学、乐学，对学生来说，不仅仅满足于课堂上知识的积累，更主要的让学生的思维得到拓展，能力得到提升。通过挖掘学生的学习潜能，生发不同个性的学习见解，让思维激荡思维，让思想冲撞思想，让方法启迪方法。最终把课堂变成“知识的超市，生命的狂欢”。

高效课堂不是“搞笑”的课堂，更不是“作秀”的课堂，老师们应该是“行动入得了地，理念上得了天”的行动家、思想家。用理念指导课堂操作的每一个细小的环节，用理念规范学生们的每一个具体的学习活动，知其然还要知其所以然，在课堂模式及流程上一味地模仿就不会很好的内化，而只有内化了课堂理念及模式流程才会避免出现“假”的东西。

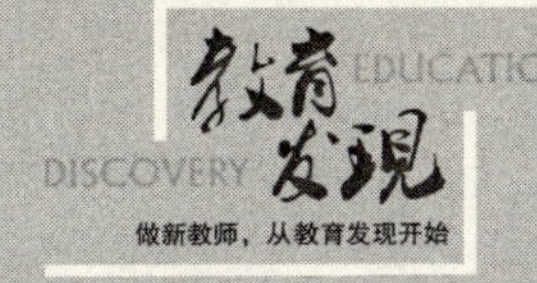

下　篇

反思与借鉴

第六章

反思与课改同行

子曰："学而不思则罔，思而不学则殆。"任何事情如果只是埋头蛮干，而不深入地分析思考，最终结果仍然是前途渺茫；只有把学习和思考紧密结合起来，才能前景一片光明。课堂教学改革是个前无古人的改革创新之事，这就注定高效课堂的探索之路充满荆棘、阻力，这是一条"只有起点，没有终点"的极其漫长而艰辛的创新之路，同时更是决定我们的教育能否培养出适应未来世界发展需要的全面而有个性和创新意识人才的事业，是关系到我们的国家和民族未来的事业。所以，作为一名教育者，我们只有不断地思考、深入地研究、大胆地实践，才能使探索更快走向成熟、达到成功。

李炳亭先生多次强调，课堂教学的改革实质上是一场教育思想的彻底革命，是新的思想对传统教育教学思想的彻底否定。反思我们的教育教学，面对那些活生生的教育教学实例，站在新教育的立场上，我们应该怎样看待一些传统教育教学观念下所谓的正常的做法？这些鲜活事例不仅给新教师们以深刻的启迪和思考，同时也更应该给传统教师更深刻的警醒！

一则恋爱故事的启示

丁丁最近刚交了一个男朋友，两人正处在热恋中。她喜欢吃火锅，为了讨好男友，便经常带男友去吃火锅。虽然男友每次都吃得很少，但仍然会积极主动地陪她去吃。后来她发现，每次她提到请男友吃饭的时候，男友都会以各种理由说不去。

丁丁觉得他们之间产生了问题，于是为此她想找男朋友谈谈，但是话还没说完，两人便在彼此的愤怒中争执起来。在争吵中男友说出了吃饭的事情："你喜欢吃火锅，便以为我也喜欢吃火锅，但实际上我根本不喜欢吃火锅。你没有发现我每次都吃得很少吗？你想过我爱不爱吃吗？你这是真心爱我吗？"男友的话让她突然感到无话可说。丁丁只能无奈地接受了男友分手的决定。

丁丁正是犯了一个一厢情愿的错误，以至于她不仅没能有效地影响男朋友，获得男友的欢心，还导致了两人分手的结局。

这样的事情何其多哉！联系我们的教育教学，不正是那种不基于学情的教学吗？"己所不欲，勿施于人，己所欲之，慎施于人"，两千五百年前的孔子早就告诉了我们这个道理，为什么我们不会站在对方的角度待人接物、处理矛盾、施教育人呢？

在传统的课堂教学中，这种忽视"己所欲之，慎施于人"的现象比比皆是，因为，在传统的课堂上，老师是课堂的主角，学生是观其表演的看客；“教”是课堂教学的主要活动，学生的“学”则是要围绕着老师的“教”进行。所以，旧课堂就像故事里的丁丁谈恋爱一样，因为总是一厢情愿地把自己的爱好强加于男友，最后男友忍无可忍，只能以二人分手结局。一些有识之士大胆提出了“打倒旧课堂，建立新课堂”的口号。只有建立了新课堂，充分考虑到学生的所需、所想，所爱、所好，所憎、所恶，才不至于出现课堂中师与生的“分手”，教与学的分离。

新课堂要建立起新的师与生关系、教与学关系，最基本的要求就是老师必须做到基于学情的教学。否则新课堂的打造就永远是空中楼阁，即使谈了更多的“男朋友”，最后也必然是因为不考虑学情而没有圆满的结果。基于学情的教学就是要老师在备课的过程中，在编制导学案的时候一定要考虑学生的学习基础、学习能力、思维习惯，创新能力、实践能力，学生的兴趣爱好，学生的脾气秉性，甚至学生身后的家庭、社会背景等等。当老师们把一切“教”的眼光都集中到学生的“学”上的时候，课堂才可能真正实现了“学”中心的建立。

但事实上，尽管课改进行了很长的时间，课堂质量却参差不齐。为什么老师们在课堂上受学生欢迎的程度不一样？为什么备课时预定的学习任务完不成？一句话，学习目标的制订、导学案的编制缺少针对性，这针对性就是我们所面对的学情。老师们最容易犯的错误就是想当然地认为学生应该会这个，会那个，结果，哪一个问题摆出来学生都感到眉头紧蹙，无从下手。于是我们开始牢骚、抱怨、挖苦、讽刺学生。如果做一个换位思考，会是什么样的心理感受呢？让中学老师去教博士生、让幼儿园的小朋友参加高考，他们能胜任吗？他们能够感觉到成功的幸福和快乐吗？答案不言而喻。所以，基于学情的教育才是成功的教育，才是幸福和快乐的教育，更是对每一个孩子负责任的教育。

丁丁谈恋爱以最终分手为结局，丁丁还可以谈下一个，只是要吸取这次的教训罢了。而教育教学则真的是“过了这个村就没有这个店了”，学生们在这个村没有吃饱，那就得一直等到下一个村找饭吃了，可怕的是下一个村也许在一生当中都不会出现了，这绝对不是危言耸听。

女儿“被边缘化”的思考

女儿参加的舞蹈培训班准备在文化广场演出，每天都在抓紧时间练习。一天下午，课间休息的时候，女儿一脸不高兴地从训练室里走了出来，大有伤心欲哭的感觉。等在外面的妻子心疼地问怎么回事，女儿哽咽着说：“原来训练的时候自己是站在中间前排的，今天老师把我安排在了靠边的位置上。”这下妻子明白女儿不高兴的原因了，原来是女儿感觉自己被老师放置在了一个边缘的并不重要的位置上。几岁的孩子心目中就有了哪些位置是好位置，哪些位置是不好的位置的概念，可见“位置”在一个孩子、一个小学生心目中多么的重要。

中间的、前面的位置就是相对好的位置，两边的、后面的位置就是相对差的位置，很多人的头脑里都是这么认识的。由此想到了一些学校，尤其是小学、初中，老师往往因为给学生安排座位而绞尽脑汁，家长也往往为了自己的孩子能够在教室里占据一个能够及时得到老师关注的位子而千方百计。由此也上演了一些为了孩子有一个好的座位动用各种关系，甚至请客送礼等等的好戏。如此下来，把一个很平常的甚至无关学习的小事搞得乌烟瘴气。

每个孩子都是有自尊心的，而且现在独生子女占大多数，都习惯了被重视，谁都想占尽天下风光。而传统的安排座位的方式就是插秧式的，这样就不可避免地有前有后，有中间有两边了。有时我就想，为什么这些学校不进行课堂教学改革，以此改变学生对座位优劣的认识。以学习小组的形式安排座位，无所谓前，无所谓后，每一个位置都受到小组长的关注，受到老师的关注，这样一来，老师还会因为安排学生座位的问题而大伤脑筋吗？家长们还会因为孩子的座位问题想千方设百计吗？学校的学生座位的安排问题应该引起校长、老师们的高度关注了。

高效课堂中的学习小组本着“组间同质，组内异质，同质结对，异质帮扶”的基本原则进行划分，每个小组一般为6—8人。“组间同质”体现了小组学习的均衡发展，也为公平公正竞争奠定了基础，“组内异质”为互助合作创造了很好的条件，“同质结对”是指在组内实行同层次学生结对，便于开展“对学”；“对子帮扶”体现了分层学习、梯度推进，中学生个体间的有效合作和友好互助。每个小组就相当于全班的缩影或者截面，成了一个“小班”。采用小组合作的学习方式，为同学们创造更多的交流、合作机会，形成个性发展空间，营造创新人才成长的环境和氛围，培养学生的责任意识、团队精神和解决问题的能力。让所有学生都在互帮互学的问题解决过程中学会合作，不断探索新的知识、经验和方法，从而争取课堂效率的最优化。

女儿的舞蹈训练恐怕是不能按班级学习小组的编排形式进行的，但是学校的教育教学理念是不是可以转变一下，尊重每个孩子的意愿，尊重每一个家长的意愿，用高效课堂的理念打造和谐的班级、和谐的校园，划分了学习小组，前后左右都是黑板，那么每一个孩子都排在了中间，坐在了第一位。

课堂作假何时休

回到家里又听女儿絮絮叨叨学校里的事。明天老师要求全部穿运动服，戴红领巾，因为明天有领导、老师来班里听语文课。有人来听课让学生统一服装本无可厚非，服装整齐以示对别人的尊重。接着又听女儿说：“老师把明天回答问题的学生都安排好了，我们老师的讲课肯定成功。”听着女儿的絮叨不禁又陷入了深思，为什么有领导、老师来听课就要事先彩排，这不明摆着是老师在作假，而且这种“假”就赤裸裸地表现在学生的面前，会给一个个幼小的心灵什么样的影响？老师的责任就在于教书育人，就在于用自己的高尚和真诚为学生做出表率，为了区区一节课就煞费心机，岂不是把教书育人当成了演戏。由此及彼，教育者还有多少“假”的东西在无形中影响着我们的孩子们，世人都在抱怨社会诚信度不高，这难道就与我们的学校教育没有关系吗？我们呼唤真诚，首先就要从我做起，从我们的孩子做起，更需从这些肩负着培养下一代的教师做起。

姑且放下真与假的问题不说，再说听课的问题，在老师的意识里教学是什么？师生是什么关系？在课程改革已经红遍大江南北的今天仍然上这种极具表演性质的课，岂不是当下基础教育的悲哀？在新课改的理念下必须明确两个关系，即学生的主体和教师的主导关系，教要服务于学的关系，唯如此才能使每一个孩子得到应有的尊重，才能使每一个孩子得以和谐健康成长。

每一节课都应该着眼于孩子们的学会、会学、想学、乐学，孩子们绝不是课上满足老师表演的配角或时不时叫好的观众。事先安排学生角色的表演课即使老师表演得再精彩，也不能称之为好课。只有学生学得精彩、学得幸福和快乐的课才能称之为好课。

每位老师的教育理念、教育教学方法都要更新，这是基于新课程改革的需要，是基于每一个个体生命成长发展的需要，也是基于我们每一个教师职业道德和良心的需要。

领导、老师听课的目的是什么？是为了了解老师们的教育教学水平，发现其自身的优缺点，以便扬善和改进，还是为了单纯的看一场以老师为主角的课堂表演？这个问题搞不清楚，教育教学理念就不会得以真正的落实。都知道楚王好细腰的故事，“上有所好，下必甚焉”，领导理念更新了，老师们就会跟随转变，评课的标准改变了，思想更新了，就不会出现本不该出现的假课现象了。

为了我们的孩子，还是让我们的真课多一些，假课少一些；让我们的孩子自主多一些，老师的表演少一些；让孩子们学习的幸福和快乐多一些，厌学的痛苦少一些。

中美日孩子画苹果的故事

有一则小故事。中国、美国和日本的孩子学习画苹果。中国的老师是先示范苹果的画法，孩子再临摹；美国的老师先带着孩子到苹果园看一看，摸一摸，尝一尝，最后再回到课堂，要求孩子把自己体验到的苹果根据自己的想法画下来；日本的老师拿一个苹果到课堂，让孩子根据自己看到的把苹果画下来。结果美国的孩子画出来的苹果大小不等，形状各异，可谓千奇百怪，无所不有，而真正能画得让人一眼就能知道这是苹果的是少之又少；日本的孩子比美国的要好些，基本的形状有，但不够完美；画得最好的当然要属中国的孩子。每个孩子都画出了一个美丽诱人的苹果，逼真而让人无疑义。美国和日本的教育专家诧异了，为什么中国的教育花费的时间少，但学习效果这么显著呢？中国的老师尽力让每个孩子最大限度地获取应有的知识，而且相当省时。但是，中国孩子画的其实是图画，是对老师的画作的模仿，而不是他们自己感知到的苹果。

也许还有许多国人会因为外国专家的诧异而沾沾自喜，喜的是我们的孩子们画苹果画得很像。推而广之，中国的学生在老师们细致入微的教学引导下，做什么不像呢？只要是老师们传授过了的，学生尽可以模仿到惟妙惟肖的程度，因此我们的学生在考试上绝对是得分的高手，这一点全世界几乎都是认可的。可是再看一看中国学生的创新能力，实在让人忧虑。深思一下，为什么我们的考试成绩与创新能力不能匹配，其关键因素就在于老师讲解示范得太周到，老师用耐心细致的讲代替了学生的想和做，表面上我们是为孩子们负责任，其实是越俎代庖，用老师的思维代替学生的思维。通过教师毫无保留地兜售代替学生的观察、发现和创新，试想，几年、十几年、几十年之后，中美日那些画苹果的孩子们谁更有发展潜力呢？未来的社会发展不是需要把苹果模仿的很像，而是需要在头脑里有自己的苹果，也就是所谓的创新。

中国的教育观念要转变，学生的自主、合作、探究能力要更好地培养起来，祖国的未来、民族的振兴，这一切都需要国人的创新能力，需要有更多的敢于担当的教育工作者。

“这条小鱼在乎”的感想

暴风雨过后的一个早晨，有个男人在海边散步。只见许多小鱼被卷上岸后，困在了浅水洼里。太阳一出来，它们就得干死。

浅水洼旁，一个小男孩不停地弯下腰去，捡起小鱼又用力地将它们扔回大海。

男人忍不住走过去说：“孩子，这水洼里有几百几千条小鱼，你救不过来的。”

“我知道。”小男孩头也不抬地回答。

“哦，那你为什么还在扔，谁在乎呢?”

“这条小鱼在乎。”男孩一边回答，一边又拾起一条小鱼扔进大海。“这条在乎，这条也在乎！还有这一条，这一条……”

这个故事一直让我感动着，为了小男孩儿那种悲天悯人的情怀，甚至是知其不可为而为之的圣人般的慈悲。其实世上很多事情就像小男孩儿捡起小鱼将它们扔回大海一样，一个微小的举动虽不可能改变所有处于困境中的“小鱼”，但是，针对某一个个体的小鱼来说，却因为小男孩儿的举动而得以生存，所以说“这条小鱼在乎”。有些事情往往是因为我们认为结果不能完完全全的成功，没有百分百的获得，便不去践行，这实质上是思想上的懒惰，是不敢担当缺乏勇气的借口。

由此，联想到了我们的高效课堂建设。我们面对的学生素质大多不高，这些孩子们是中考之后各层学校选拔之后的“次品”，他们也许从生下来就缺乏父母的垂爱，从幼儿园开始就没有得到过老师的表扬激励，他们从小到大没有养成良好的学习习惯和生活习惯，他们缺少聪明睿智的头脑，他们没有像鹰一样高远的理想和追求。甚至有的父母担心这些孩子混迹在社会上会惹是生非。这些孩子就像困在了浅水洼里，太阳一出来，就得干死的小鱼一样。面对此情此景，作为教师，是应该一心只教圣贤书，在传统的教育观念下进行精英培养，成就聪明的，扼杀低劣的，还是像小男孩儿一样奋力地去拯救，哪怕只是一条小鱼？我想每一个有良知的教师都应该知道做小男孩儿一样的人。也许教育变革不能挽救所有的孩子，但是“这条小鱼在乎”。即使有的学生最终没能考上大学，但是他将来走上了社会能够有自信、会表达、善沟通，我想那也是学校教育的成功，也是做教师的骄傲。

所以，不要因为课改之路困难重重就否定课改的成效，也不能因为一时没有取得学习成绩就妄自菲薄，甚至怀疑课改的必要性。

不能放弃每一个孩子，我们必须坚定信心，把课程改革进行到底，让每一个孩子感受到生命的阳光，唤起他们生活的激情，点燃他们心中的人生梦想！

学生就应该是太阳

在教育这个体系里，在师生关系方面，老师到底应该扮演一个什么样的角色？老师到底应该是孩子们人生的导师还是扼杀孩子们天性的刽子手？

先考虑一个问题：当一个孩子坐在座位上，小手背在身后，目不转睛地听老师一板一眼地讲课的时候，你认为老师对孩子的训练是有素的吗？这样的老师是有责任心的吗？这样的乖孩子将来会是有出息的吗？当孩子们在课上或者课下提出的问题超出老师的讲解内容的时候，老师告诉孩子，这个问题课本上是没有涉及的，这样的老师是有责任心的吗？但在传统课堂上，这样的老师倍受欢迎，而且还有相当多的家长愿意把孩子送到这样的老师门下，以便沐浴这种精雕细刻，滴水不漏的光辉！

然而，我要说，这样的老师，是在误人子弟，是在扼杀孩子们的思维，泯灭孩子们的天性，是在剥夺学生的发展和创造权力，这与新课改的理念格格不入。

那么什么样的教师才是新课改理念下的教师，才是真正本着为学生的终身发展服务的教师？李炳亭先生早就提出了关于新教师的标准：

1. 教师必须有强烈的历史责任感和时代感，努力促进社会文明进步和人类心灵进化。现阶段，必须敢于投身课改，坚定不移地走素质教育之路，做一个大任和使命的担当者。

2. 教师要成为一个信仰者，服务人类，奉献教育，热爱学生。

3. 专业者，应包括学科专业和教育专业两个方面，教师专业化的支撑是教师的教育教学思想，也就是基于“人本”的对学生的尊重、研究、认识。教师专业化水平，主要取决于对“教育学”、“心理学”的研究，要具备学科知识“心理学化”的能力。教师必须清楚，教学不是灌输和表演，从“教中心”到“学中心”不仅考验教师的教学勇气，而且体现教师的教育教学高度、境界。

4. 必须“认识”学生，一切“从儿童出发”。

5. 捍卫学生主体，保卫学生的好奇心和展示欲，激发学生的潜能和创造力。

6. 教师在人格上与学生平等，理解和宽容学生，维持和谐的师生关系，为学生的生活和成长营造一个温暖、自然、信任的场所。

7. 把握好自己的角色，不可越权、盛气凌人甚至总扮演某种权威。

8. 不随意布置作业，不侵占学生的生活隐私空间。

9. 激励和奖励学生，敢于让学生超过自己。

10. 做一个终身学习者，成就学生、发展自己。

对照这样的新教师的标准，我们距离成为一名新教师到底还有多大的差距？天卉中学前几年就提出“教孩子三年，就要为孩子三十年的发展奠基”，这样的教育才算是真正的教育。

其实，传统教育理念下的教师是自私的，老师所关注的只有自己的教，而没有学生的学。要求孩子们静悄悄地听老师讲课，是因为害怕孩子们活跃的思维打乱自己预设的教学流程；禁止孩子们在课上的活动，是为了显示做教师的尊严。孩子们偶尔表现出与老师所讲的不同的思维，则被判为异类，要一棍子打死。试想，这样的老师调教出来的学生走向社会的时候，他们的创造精神何在？他们生存发展的空间能有多大？他们在世界发展竞争中会成为温顺的绵羊还是会成为带有野性的狼？

还是尊重孩子们的天性吧，哪怕是幼儿园的小朋友们。孩子们的世界是丰富多彩的，孩子们的思维是活跃的，孩子们的天性都是好动的，孩子们的头脑里随时会迸射出智慧的火花。多给孩子们一片绿叶，就可能多收获一个春天，多给孩子们一份理解和尊重，就可能多收获一份发现和创造，放生孩子们吧！

近日，网络、电视等媒体都在疯传着江苏启东市汇龙中学高二文科班学生江成博在 2012 年 4 月 9 日的升旗演讲中，偷换升旗仪式演讲稿，当众讨伐教育现状的新闻。这种现象应该引起我们每一位教育工作者的深思了，古人说“官逼民反”，现在是教育制度、教育理念、教育方法在逼迫学生不得不反。“这种变味的教育，学了能有什么用呢？就是考上大学能如何？找到工作又如何……”“我们不是机器，即使是机器，学校也不该把我们当成追求升学率的工具！”

的确，学生不是机器，当教育不能立足于学生的终身发展，而只单纯地关注学生目前的学习成绩，那么，教育对象也就自然而然地成为了机器。当我们真的能冷静下来，去思考“中国孩子计算能力世界正数第一，创造能力世界倒数第一”这种现实的时候，就应该扪心自问，是孩子们开始来到这个世界上在这些方面的表现就不如其他国家的孩子吗，还是长期的教育使然？

鲁迅在八十多年前就提出过“救救孩子”，为什么我们还不能用实际行动去拯救孩子们？如果说江成博同学“是想出风头，成为别人瞩目的焦点”，那么为什么，现场听了江成博的演讲后，不少同学还热烈鼓掌？

今天出现了一个江成博，还没有表现出来的江成博到底还有多少个？做一个有责任感的老师吧，放生孩子们，给他们尊重、信任、理解和宽容，让每个孩子的都沐浴爱的阳光，都绽放因学习而幸福的笑脸。

由“罗森塔尔效应”想到的

“皮格玛利翁效应”亦称“罗森塔尔效应”或“期待效应”。“罗森塔尔效应”产生于美国著名心理学家罗森塔尔的一次著名的实验：他和助手来到一所小学，声称要进行一个“未来发展趋势测验”，并煞有介事地以赞赏的口吻，将一份“最有发展前途者”的名单交给了校长和相关教师，叮嘱他们务必要保密，以免影响实验的正确性。其实他撒了一个“权威性谎言”，因为名单上的学生根本就是随机挑选出来的。8个月后，奇迹出现了，凡是上了名单的学生，个个成绩都有了较大的进步，且各方面都很优秀。

显然，罗森塔尔的“权威性谎言”发生了作用，因为这个谎言对教师产生了暗示，左右了教师对名单上学生的能力的评价；而教师又将自己的这一心理活动通过情绪、语言和行为传染给了学生，使他们强烈地感受到来自教师的热爱和期望，变得更加自尊、自信和自强，从而使各方面得到了异乎寻常的进步。

在这里，教师对这部分学生的期待是真诚的、发自内心的，因为他们受到了权威者的影响，坚信这部分学生就是最有发展潜力的。也正因如此，教师的一言一行都难以隐藏对这些学生的信任与期待，而这种“真诚的期待”是学生能够感受到的。

罗森塔尔效应对被期待者应该说具有积极的意义，特别是对那些所谓的“差生”更具有特殊的意义。因为总有那么一些教师甚至校长，在他们眼中，可造之才总是那些成绩最优秀的学生，甚至只是几个尖子，而那些成绩平平的学生只能“广种薄收”，至于那些成绩不佳的“差生”那更是“朽木不可雕也”。其实，只要是常人，如果受到教师的期待、关心、帮助、爱护，那么他就会得到发展，就会向着教师期待的方向变化。这就是罗森塔尔效应的积极作用。

罗森塔尔效应留给我们这样一个启示：赞美、信任和期待具有一种能量，它能改变人的行为，当一个人获得另一个人的信任、赞美时，他便感觉获得了社会支持，从而增强了自我价值，变得自信、自尊，获得一种积极向上的动力，并尽力达到对方的期待，以避免对方失望，从而维持这种社会支持的连续性。

高效课堂的改革，正是应该本着对学生的尊重、理解、宽容和信任的原则。在新课改的理念下，建立新型的师生关系，真正做到相信学生、解放学生、利用学生、发展学生。让每一个学生在老师的信任、赞美和期待中和谐发展，健康成长。

但事实上为什么还有那么多老师在课堂上不厌其烦地讲，为什么还有那么多的老师要抓紧时间让学生分分秒秒的练。在这些老师的观念中，老师不讲学生肯定不会，学生不通过题海战术的磨炼肯定不会。当老师们发自内心地把学生的学习能力否定了时，剩下的只能是学生自主性、创造力的缺乏，是把活生生的“人”培养成驯服的绵羊。

新课程改革都已经十年了，老师们为什么还不能真正地去“放手”？要想学生真的能成为具有独立的个性、具有创造精神而且能和谐发展的二十一世纪的青年，老师就必须相信学生，相信他们做得比我们期待的更好。

每个孩子都会比我们想象的更精彩

对上一年级的女儿，妻子每天都会把她一天中要用到的各种物品精心准备齐全，大到衣服鞋帽，小到铅笔橡皮，甚至去厕所需要用的卫生纸都尽心叠好塞进书包。每天放学女儿都会把一天在学校的表现详细地向妻子汇报。

一天，我们三口又谈论起女儿在学校的一些事情。妻子问女儿："闺女，你有没有去厕所忘了带纸的时候？"女儿想了想说："还真是有一次忘了带纸了。但是马上就要上课了，我没有时间回教室取卫生纸了，这个时候我看见了一个五年级的大姐姐手里正拿着纸，我就跟她说：'姐姐，我想上厕所，没有带纸，你给我一点好吗？'那个姐姐就给了我一些纸。"对女儿的叙述，我们两个都很吃惊，我们总以为女儿还小，缺少人际交往的能力，什么事情都是对女儿言之切切、谆谆教导、反复叮嘱。没想到女儿在学校的交往能力远远超出了我们的想象，看来还是小看女儿了。

其实在我们这个具有中华民族深厚文化传统的国度，几乎每个父母对孩子都怀有和我们一样的感情。放飞孩子的道理都懂，可是轮到了面对自己的孩子却仍然是不信任、不尊重、不解放，总认为孩子还是像小鸟一样待在笼子里安全，殊不知，将来有一天，孩子总会离开呵护，独自走在这个世界上，独自面对人生的风风雨雨。所以只有尽早把孩子的翅膀历练的坚硬才能更好地让他翱翔蓝天。

由此又想到了教育教学改革。在传统的教学中，老师是课堂的主宰，学生的一切行动都要听老师指挥，学生的一切思维都要紧跟老师的讲解，因此说传统课堂是以教师的教为主的课堂。为什么在传统的课堂中老师的“教”一直占据着主导地位，而学生的“学”没有得到足够的重视呢？一言以蔽之，知识是传授的，学生是跟老师学的，只有老师把知识讲清楚明白了，学生能完全听懂了，这样的课才算是好课，这样的老师才算是好老师。那么，试问，教学的目的是什么？是老师的讲，还是学生的学？老师讲明白了，学生听懂了，学生是否真正会了呢？学生的思维能力、创造能力、良好的个性是否都得到全面发展了呢？

教育应该着眼于学生终生的发展，否则就是教师的失职，是教育的失败。越俎代庖的教育教学现象在校园中，在课堂上比比皆是，造成这种现象的根本原因就是不相信学生，不敢放手让学生去创造、去体验。如果我们站在新课改的角度，相信学生，依靠学生，放手学生，将会极大地激发学生的主体意识，发挥学生的主观能动性，学生得到了尊重，就会积极参与课堂的学习，那么课堂一定会变为学生自己的学堂。让学生自己主宰课堂会比老师的讲授对知识的体验更深刻，课堂也会更加充满激情。

所以彻底转变教育教学观念是培养一代新人不可推卸的责任，相信吧，只要肯放手，每个孩子都会比想象的更精彩。

一则课堂笑话的启示

一位小学老师，有一次上课，为了导入新课——“蓝天”，问小朋友：“小朋友，你们说我们的头上是什么啊?”小朋友大声回答：“是头发!”老师见没答到要点上，又问：“那么我们的头发上是什么啊?”“是帽子!”“那帽子上面是什么呢?”“是屋顶!”学生总是那么的“笨”，完全没有领会老师的那一番良苦用心，老师无可奈何，只好又问：“那么屋顶上是什么呢?”他这时候心想这回总该回答到他预先设计好的答案上来了吧，就捋了捋袖子，做好了在黑板上写字的准备，小朋友们很天真地喊道：“是瓦片!”“笨，那瓦片上面是什么呢?”老师不禁火了。小朋友一见老师这么生气，眨了眨眼睛，很是认真地想了想，就满怀信心异口同声地回答：“瓦片上面是小鸟!”

在这则课堂笑话中，老师为什么面对学生的回答不禁要发火？一言以蔽之，就是学生没有按老师预设的内容来回答，造成老师缺少课堂上继续表演的必要条件，纯属拆老师的台。在这种严肃的场合，学生拆了老师的台，不给老师面子，老师能不发火吗?

悲哀啊！试问，教学的课堂，应该是学生的课堂还是老师的课堂?如果是老师的课堂，是老师表演讲课艺术的课堂，还不如把老师的讲课内容换成学生喜爱的影视节目，这更能引起学生的兴趣，更具观赏性。如果是学生的课堂，就应该把一切还给学生，老师需根据学生的课上生成灵活引导、机智处理。

新课标理念下的课堂教学就应该以学生的学为主，让学生学会、会学，想学。如果老师只是一味地关注自己的教，而忽视学生的存在，则是对教育、对学生个体生命的极端不负责任。

由学开车想到的

记得那时学校有一辆皮卡车，司机小松是一个很不错的驾驶员，尽管年龄不大，但驾驶的技术很好。一天我突然心血来潮，对他说："你教我开车吧。"司机小松很爽快地答应了。他把车停在了一个集市的场地上，告诉我把钥匙插进锁孔，打火；然后左脚踩住离合器，右手挂挡；右脚踩油门给油，这样车就走了，手脚配合要协调，这就是司机小松教我的开车理论。我坐在驾驶的位置，小松坐在副驾驶的位置，我按照小松的理论一操作，车果然向前走了。我坐在自己开动的车子里心里真是又紧张又兴奋。在集市的场地上转了两圈，小松又对我说："咱们不能这么练，要真刀真枪地干才行，我们上路开吧。""开玩笑吧，刚能开走就要上路，这能行吗?"我心里忐忑地说。"没事的，想学会开车就要上路，有我在，你放心吧。"小松一脸轻松地说。

我们找了一条比较僻静的乡间小柏油路，路宽能并排过两辆汽车。我以很慢的速度向前开车，可是刚走不远，就发现迎面来了一辆中型的货车，车速也不快，我却傻眼了，顿时心里发慌，手心出汗。小松在一边鼓励我说："不用害怕，慢点向前开，没事的。"在他的鼓励下，我鼓起勇气继续前进，可是为了与对面车保持横向的距离，我还是把车开进了路边沟里。尽管第一次自己驾车失败了，但是有了这第一次的开车经验，第二次、第三次就不那么紧张了，很快我就真的能够较熟练地驾驶了。

通过学开车的事，联系教学，有了以下几点体会：

1. 首先自己要有学习的欲望，当然，这种欲望是可以煽动和点燃的。让学生感觉到学习并不是一件苦差事，就像学会了开车就可以自由的驾驶一样，在美好的期待中学生的学习欲望是极容易点燃起来的。

2. 要敢于放手。这就是教学上所说的要相信学生、放手学生、利用学生、发展学生。如果司机小松总是自己把住方向盘，只讲那些开车理论，我能学会开车吗？所以学习上，要大胆放手让学生去体验、去尝试，在学习上“教别人是最好的学习方法”，这个“教”就是很好的体验和尝试。

3. 要相信学生、理解学生，正确认识学生在学习过程中出现的种种错误。假如当初司机小松怕我把车撞到对面的车上，或者把车开进路边沟里而不敢把方向盘交给我的话，我是很难学会开车的。假如我把车开进路边沟里，司机小松就喋喋不休地抱怨，从而收回紧握方向盘的权利，我的驾驶欲望也许就到此为止了。然而，小松恰恰是用他的鼓励和信任，使我在发生错误、面对困难时能够再次鼓足勇气、树立信心。敢问，在教学上，老师们做到了吗？其实，学习的过程就是学生不断的犯错误，不断的修正错误的过程，理解了这一点，也就理解了学生，理解了学生所犯的种种错误。

我对课堂体验的理解

英国有一句谚语："只是告诉我，我会忘记；要是演示给我，我会记住；如果让我参与其中，我就会明白。"可见"体验"是多么重要的一种学习方法。体验式教学是一种既受学生欢迎又符合新课程理念的学习方式，也是新课程所倡导的教学方法，学生对体验过的知识会有深刻的印象。但是在引导参与学生学习的过程中不能简单地理解体验的含义，更不能为了让学生体验而把高效课堂变成了搞笑课堂。

下面我们看两个让学生体验的实例：

1. 曾经听过一节语文课，老师讲的是伟大诗人李白的"床前明月光"，那是一首明白如话的诗作，内涵挖掘要凭借学生的想象。可是，老师却要大部分同学体验一把躺在床上的感觉，让接近一半的同学爬到课桌上躺下，本来充满诗情画意的课堂，变得滑稽可笑。这里不是因为别的，就是因为老师没有选择到适合的学习方式。毕竟，再好的形式也要与相应的内容匹配才好。

——《李希贵学校管理沉思录》

2. 谁把椅子来撞翻

浙教版初中二年级语文课《大象博士请助手》。课文说的是大象要招聘一位助手，小猴、小兔、小熊、小猫都来应考。在进入考场时，小猴

“撞翻了椅子”，小兔“看见倒在地上的椅子，就跳了过去”，小熊“把椅子踢到一边”，只有小猫“先把椅子扶起来，放在桌子旁边”。结果大象录取了小猫为助手。老师在教到“大象博士喊道：‘小猴请进来！’小猴真高兴，冲进门去，撞翻了椅子”这个情节的时候，老师一边把一把椅子放到讲台上，一边对学生说：“现在我们就请一个同学上来表演一下，看看谁能把讲台上的椅子撞翻。”“我！”一个同学迅速跑到讲台上，学生很高兴，一下子就把椅子撞翻了。课堂上响起了哈哈的笑声。

——于春祥《发现高效课堂密码》

两个案例中，不论是让学生躺在课桌上，还是让学生把椅子撞翻，都是老师对“体验”这一学习活动的理解太过肤浅。体验应该结合学生的生活实际，结合具体的上课情境。案例中的体验除了能给学生留下哈哈的笑声之外，对于真正让学生理解诗歌的内涵、理解文章所包含的教育意义并无多大的益处。因此，我们在教学实践中还是要实事求是一些更好，当体验处就必须让学生体验，但体验绝不是新课程理念下一个时髦的标签，可以不假思索随便地粘贴。

两个课堂教学片断的感想

片段一

一天，在进入三（1）班之前，我还把自己定位为认真关注学生的那一类“优秀”教师，直到看见小雯的眼泪，我开始心慌了。

那节课的教学内容是“品德与社会”三年级上册“各种各样的传媒”一课。根据教参以及其他老师的教案，我将本节课的重点定位在——针对学生过度看电视的情况，对学生加强教育，让他们明确看电视要有节有度。

可是，当我请班里一向沉默的小雯汇报她看电视的情况时，她却回答：“老师，我妈妈从来都不让我看电视。”伴着叹息，她的泪珠滚滚而下。

“是啊，是啊……”班里的其他学生也纷纷附和起来，全然不顾我的目瞪口呆。本课的主要问题不是过度看电视吗？怎么会变成这样？我被教参“欺骗”了？

就这样，我在一声叹息中铩羽而归。

片段二

小学一年级学习“a、o、e”的课堂片段：

教师在课堂上刚出示教材上的图画时，许多学生口中就发出“a——，a——”的声音，教师很严肃的立即把图片藏在身后，组织教学，等大家安静后又拿出图片，下面仍有“a——，a——”的声音。

师：图上画的是什么？

生：“a”。

师：老师问的是图上画的是什么。

生：医生在给小孩看病。

师：医生在给我们看嗓子时，让我们发什么音？

生无序地回答：“a——，a——”

师：图下的这个字母就读……（还没等老师说完，学生又读开了）

师：看谁的嘴巴最严。听老师读。（范读“a”后，学生齐读）

以下学习“o、e”的情况类似。

——均摘自余文森等编著的《有效备课·上课·听课·评课》

这两个教学片断的失误都是因为没有做好学情的调查。陶行知先生曾告诫教师们：“教的法子要根据学的法子。”一言以蔽之，关注学情是教学活动的内在要求。要想上好一节课，不认真研究教育对象，特别是教育对象与教学内容之间的关系，显然是不可思议的。

这两个教学片断都发生在小学课堂上，然而我们的课堂上就没有类似情况吗？毋庸讳言，多而又多，教学效果不理想，在很大程度上是因为教学缺少针对性，也就是缺少对学生的已有的知识水平和理解问题、分析问题、解决问题的能力的把握。把握学情是搞好高效课堂的关键，一切脱离学情的一厢情愿的教学都是低效甚至无效的。然而，事实上，到底有多少老师真的能按照“五步三查”的普适模式做好学情调查呢?没有把握学情的教学无异于对牛弹琴。

新课程改革要求教师转变教学方式，树立以学生为主体的教学观念，从学生的发展需要出发，改进教学方式和教学手段。科学的学情调查是新课程下优化教学的一种手段。只有全面了解学生的真实情况，真切地关注学生的真实需求，根据学生的学习动态及其发展变化，灵活地选用教学方法，进而调整教学的宏观思路和具体策略，教学活动才会具有针对性和实效性，教学目标才有可能得到落实。

如果教师不能切实地关注学情，不能做到“对症下药”，甚至无视学情及其发展变化，只是一味机械地套用教学预案，那么，教学活动极有可能落得事倍功半，甚至适得其反。

引人深思的三则小故事

故事一：这是一个真实的故事。前不久，一位法国教育心理专家给上海的孩子出了一道题目：一艘船上有 86 头牛，34 只羊，问这艘船的船长年纪有多大？结果有 90％的学生给出的答案是 86－34＝52 岁，只有 10％的学生认为此题非常荒谬，无法解答。

法国专家在对这 90％的同学调查后发现，他们之所以会做出答案来，是因为觉得“老师出的题总是对的，不可能不能做”、“老师平时教育我们题目做了才能得分，不做的话一分也没有”。法国专家不得不感叹：中国学生很听老师的话，因为同一道题在法国小学做试验时，超过 90％的同学提出了异议，甚至嘲笑老师的“糊涂”。

故事二：武汉某小学六年级学生，在做老师布置的以“春天”为题的作文时，61 名学生大多以“春天好”为主题，唯独一名同学认为“春天并不好”。语文老师于是在点评课上这样评点：写春天不好，是不听老师讲解，胡思乱想，跑了题的结果；古往今来，一些文人都夸春天好，说春天不好是动错了脑筋。

故事三：明英宗正统年间，少司徒王祐趋奉大太监王振，每天将下巴刮得精光去见干爸，一天王振突然问干儿子：“你怎么也不长胡须啊？”王祐回答：“老爷您没胡须，儿子我怎敢有啊。”

看完三则小故事，你是感觉到好笑，还是感到了悲哀，甚至是更复杂的感情？中国人从古至今总愿意沿袭前人的老路，不敢创新、不敢越雷池半步。所以才出现了“老师出的题总是对的，不可能不能做”，说春天不好是动错了脑筋，“老爷您没胡须，儿子我怎敢有”，这些让人哭笑不得的事情。

在中国几千年的传统教育中，在当前许多学校里，从幼儿园开始到大学，都习惯于循规蹈矩，不作理性分析，更不敢挑战权威，有时内容不同，形式各异，但性质却极相似。如若反之，则很可能被视为异类。在将中国学生和西方学生相比时，总有一种声音说西方学生创造力要强过我们，而事实上两者也的确判若云泥。并非国人脑笨，而是被某些东西禁锢了。

新的课程改革，要求培养全面发展的而具有个性的创新性人才，要真正实现这一教育目标，就必须更新教育理念，彻底打破传统的教育模式，给孩子们的发展创新、个性培养提供丰富的土壤。“自主、合作、探究”的学习方式，恰恰是新课改背景下的有利于培养学生独立个性和创新精神的学习方法。但要在教育教学实践中落实好新课改的理念，还需要我们的老师们大胆放手，把更多的机会还给学生。

由一则语文教学事故想到的

十几年前，我还在另外一所学校里任教语文课，当时我们高三年级语文组里有一位姓张的老教师，50多岁的样子。张老师家住在离学校几公里的村子，老伴儿农村户口，家里面还有几亩土地需要料理，因此，除教课外，他还要抓紧时间打理地里的庄稼。对一个老教师来说，既要教好书，又要照顾好土地，很是辛苦。为此张老师有时也因为地里的活计忙而没有更多的时间备课。

一次，语文考完试，我们几个老师同一个进度讲评试卷，张老师课前匆匆忙忙看了一会儿试卷，就又匆匆忙忙给学生上课了。张老师上课的特点就是一个字“慢”，一节课下来，他讲不了几道题。下课了，张老师面带笑容地走进了办公室，坐到座位上，边整理桌子上的书本，边慢条斯理地对我们几个说：“这节课出了个笑话，我把第一个选择题的答案看成是B了，所以我就一直给学生讲为什么这道题选择B，讲到了下课学生们还是不明白，打下课铃的时候，我再看一下答案，原来答案是D，我给答案讲错了，我讲的时候也觉得答案不对劲……”张老师的话弄得我们几个哭笑不得。但是细想，难倒我们在教学中就没有出现过类似的情况吗？如果我们因此而嘲笑张老师的话，那只不过是以五十步笑百步罢了。悲哀吗？作为一位教师，尤其是一位老教师，眼中只有答案，心中却没有学生，生拉硬扯也要把题目和答案对上号，这是对学生多么的不负责任！

这件事情过去了十多年了，虽然是我教育生涯中所见的一件微不足道的小事儿，但至今还常想常说，算作对自己的告诫，也算作对同事们的警醒吧。

今天我们提倡新的教育理念，打造全新的教师、全新的课堂、全新的学生，在这种自主、合作、探究的教学理念下，类似张老师这样的低级错误应该可以避免了。

首先，新的教学理念提倡的是自主、合作、探究的学习方式，是体现学生主体的教学，作为老师不仅要关注自己的教，更要关注学生的学，老师作为学生当中的第 51 位同学，参与到学生的学习过程当中，这样就不会出现老师上课不厌其烦地讲，学生昏昏欲睡地听的现象了。这样即使很多“张老师”把答案看错了，也会在学生探究、合作的学习过程中把答案纠正过来。

其次，新的课改理念下的新教师“一定是拒绝表演和讲授的教师，他必然是基于对学生主体地位、学习权益、认知体验、情感心理的尊重，他以相信学生、解放学生、利用学生、发展学生为教育思想的基石，他关注的不再是教学目标和教学艺术，而是学生和学习本身”。因此，头脑里装满新的教育理念的新教师一定不会简单地看一下答案就去照本宣科的给学生讲答案，而是把考试当中集中出现的问题交给学生去讨论、探究，让学生体验发现问题、解决问题的快乐。

再次，就学生而言，胡锦涛同志讲过：“教育成效不应只看学生是否能准确地填写标准答案，更要看学生的学习能力、实践能力、创新能力，看他们是否掌握了发现问题、解决问题的能力，看他们是否具备了高度的社会责任感。”在新的课改理念下熏陶出来的学生们，如果面对老师喋喋不休地一直在讲着错误的答案，他们一定能勇敢地站起来欲与老师试比高。因此，1/51 出现的错误，在 50/51 那里肯定是不会通过的。敢于指正老师出现的问题，这也是为自己负责任、为老师负责任，也算作一种探索精神吧！

一则故事的启示

有这样一则小故事。一位满腹经纶的学者去拜访一位有名的禅师，特意请教禅宗的奥妙。当禅师讲解时，这位学者时不时插话：“噢，是这样。”或者：“这个道理我很早就知道!”

最后，禅师停下话语，向那位博学者敬茶。他把茶斟入杯子，杯子满了依然不停地斟，茶水溢杯而流。“够了!”博学者又一次插话，“那杯子装不下了。”“是这样，我知道，”禅师答道，“如果你不先把自己的杯子倒空，又怎能品尝我的茶呢?”禅师的言外之意就是，如果学者不先把自己的原有的思想清空，本着谦虚求教的态度，自己就没有办法向学者阐释什么禅了。

同样在新课程理念下的高效课堂的建设，本质上就是一场颠覆传统教学思想和教学方式的革命。如果老师们总是抱定传统课堂上的某些观点和做法，就会像那位学者一样不会真正地把高效课堂建设好。

高效课堂的首倡者，教育改革家李炳亭先生大胆地给传统课堂打零分，就是因为：“传统的教学模式，没有真正确立学生的主体地位。传统教学模式只是教师讲，学生听，或者少数学生配合教师表演，传统教学模式，应该说很难或者不能实现新课改提出的知识与技能，过程与方法，情感、态度价值观的三维目标，因为传统的教学模式没有真正构建一种自主、合作、探究的学习方式。”因此为了尽快能从油锅里把孩子们捞出来，希望老师们把自己勇敢的晒在太阳底下，不要再对传统课堂抱残守缺、故步自封、自我欣赏了。

革命就应该拿出勇气和魄力，走前人没有走过的路，而且要走出一条属于我们自己的光明大道！

学习的快乐在于“放手”

先看下面的一个案例：三年级的洋洋是个活泼好动的男孩，可学习成绩不够好。近来两次数学考试都成绩较差，老师怀疑洋洋智力上有问题，要求家长带孩子去测查智商。洋洋在某医院心理门诊测查智商的结果是120，为智力优秀。那么他为什么学不好数学？

追溯他的成长过程发现，洋洋在上学前被妈妈逼着学算术，因他坐不住，经常挨妈妈的骂和爸爸的打，因洋洋把算术与“打、骂”相联系，产生恶性条件反射，特别讨厌学算术。而他学写字和拼音，是比他大3岁的小表哥教的，两个人学一会儿、玩一会儿，又在小黑板上画一会儿；洋洋还用硬纸壳给表哥做一副“小眼镜”，表哥一戴上可真像个“大教授”。语文是与快乐的游戏相联系，所以洋洋的语文学得很不错。

父母打骂与被动的学，使洋洋对学习失去了兴趣，与小朋友互助合作的学反而使洋洋兴趣盎然。这个案例恰恰反映了如何让孩子学会、会学、想学、乐学的问题。现在很多孩子都对学习没有兴趣，在潜意识里是不得不给父母学，不得不给老师学，所以一旦时机成熟父母老师不再需要这些孩子们学习的时候，就会看到书本撕得满天飞的景象——这种中考、高考之后学生复仇般的做法早已司空见惯了。

新课改的理念就是自主、合作、探究的学习，这就从根本上改变了孩子们被动接受的学习状态，也就最大限度地消除了学生厌学的现象。

高效课堂建设是以小组为学习单位的一种课堂学习形式，同学之间在互助合作中学习，彼此之间是平等的、互助的、真诚的，大家学习起来心情是愉悦的。同学们在愉悦的心情下，通过合作、探究达到兵教兵、兵练兵、兵强兵的目的。

高效课堂的建设是追求学生学习的幸福和快乐，追求老师教书育人的幸福和快乐。要快乐就必须学会放手，给学生学习的自由，而不是强硬地灌输。上小学一年级的女儿在玩儿拼图游戏的时候非要把喜洋洋的卡片放在椅子上，而不是安插在纸板固定的位置上，我问她，女儿则曰："谁不喜欢自由啊，我不想让她固定地待在那里。"一句话，给了我很多的思考，追求自由是每一个人、每一个孩子的天性，如何让孩子们在自由、快乐、互帮互助中愉快地学习，是每一个老师应该认真思考的问题。放下师道尊严的架子，做一个学生学习过程中的参与者，引导者，熟稔新的课改理念并付诸实践，才是新教师应该做的。

第七章

他山之石可以攻玉

我们的课堂教学改革，一路都是在专家、学者以及一些先进地区、先进校的老师们的指导和帮扶下一步步走过来的。李炳亭先生的理念给我们敲响了必须改革的警钟，因为改革是我们每一个教育人的责任和担当。李炳亭先生的引领促使我们迈出了课堂教学改革的实质性的一步。安徽铜都双语学校汪兴益校长、著名课改专家于春祥老师都为我们具体的课堂改革的探索和实践提供了很多的建议和帮助。

今天我们的课堂教学改革走到这样一个高度，我们应该真诚地感谢这些课改的同路之人，感谢他们真诚的理解和无私的帮助。专家们的引领减少了我们改革中的弯路，使我们的课堂教学更快地探索出了自己的“三模九步”教学模式，并使我们逐渐意识到最终要打破现有的课堂教学模式，探索具有学科特色的教学模式，进而达到更高一层次的课堂教学改革境界，向由知识本位到能力、智慧本位的课堂教学目标迈进。在专家的引领下，我们的课堂教学将会不断深入，切实完善课堂教学改革的思路，探索出适合“草根”学校发展建设的新思路。

黑板派与ipad族的共同“幸福”所在

尽管说“黑板”与“ipad”有着天壤之别，但是以杜郎口中学为代表的“黑板派”和以人大附中西山学校为代表的“ipad族”作为当代中国基础教育改革的先锋，两所学校都创造着“幸福”的教育。那么两个幸福的大家庭的相似之处可以用三点来概括：

1. 是以人为本的校园

李炳亭先生讲教育就应该把人当做人来看待，两所学校都做到了以人为本，关注每一个个体生命的健康、和谐成长。人大附中西山学校秉承人大附中“尊重个性，挖掘潜力，一切为了学生的发展，一切为了祖国的腾飞，一切为了人类的进步”的办学思想和“世界公民·中国心”的培养目标，把每个孩子的潜力挖掘到极致。

杜郎口中学提倡以人为本，关注生命。相信学生，解放学生，利用学生，发展学生。培养自主自信，自强不息的性格；勇敢有为，探索创新的精神；团结合作，服务奉献的品质。

2. 是幸福和快乐的校园

新的教育理念强调师生共同发展，老师们不再一味地做“春蚕”，做“蜡烛”，在让学生收获到学习的幸福和快乐的同时，老师也要浸润于教书育人的幸福和快乐。海阔凭鱼跃，天高任鸟飞，两所学校都立足于校情、师情、学情为师生的发展提供了广阔的空间，教学相长，师生共同发展，老师在成就学生的同时自身也得到了最大化发展。

“西山学校就像一张大大的白纸，任每一位学生挥毫泼墨，成就一幅绚烂多姿的丹青巨作。”杜郎口中学提倡快乐学习，幸福成长；在课堂上人人参与，个个展示，体验成功，享受快乐。尽管这些孩子们身处偏僻的农村中学，但是他们表现出来的探究合作能力、思维表达能力比起那些城市的孩子有过之而无不及。

有幸福和快乐感受的老师，才会有幸福和快乐感受的学生。这种幸福和快乐表现在教师们的工作热情中，表现在学生们的学习激情中，表现在每一个人充满自信、充满阳光的脸上。

3. 是为人生奠基的校园

人没有高低贵贱之分，只是职业的不同。同样评价一所学校的办学价值并不在于能有多少学生考上清华北大等名校，而是应该着眼于是否使学生的潜能得到了充分的挖掘，学生的才能得到了充分的展示，思维和能力得到了充分的培养训练，为今后的人生发展奠基。在两所校园中学习的每一个孩子都是幸福和快乐的，因为每一个孩子都得到了作为一个个体生命应有的爱、尊重和信任。每所学校的孩子们都被激发起高度的学习热情，都享有自由发展的空间。两所学校的“产品”绝不是高分低能的应试儿，而是能够适应社会发展、适应世界潮流，能发现、会创造的和谐的人。

由此可见，教育教学的改革能否成功并不完全在于地域、环境、条件，关键是校长、老师心中是否有一个大写的“人”字，能不能把学生当做“人”来对待。

由和尚分粥想到课堂教学改革体制

在课堂教学改革的培训会上听了这样一个故事：

有7个和尚组成了一个小团体共同生活，其中每个人都是平凡而平等的，没有什么凶险祸害之心，但不免自私自利。他们想用非暴力的方式，通过制定制度来解决每天的吃饭问题，每天一起来分吃一锅粥，但是他们没有任何称量工具和有刻度的容器。

大家试验了不同的方法，发挥了每个人的聪明才智、多次博弈形成了日益完善的制度。大体说来主要经历了以下几个过程：

方法一：刚开始，大家拟定了一个人负责分粥的事情。很快大家就发现，这个人为自己分的粥最多，于是又换了一个人，但是，总是主持分粥的人碗里的粥最多最好。

这时候有人得出结论：权力导致腐败，绝对的权力导致绝对腐败。

方法二：大家轮流主持分粥，每人一天。这样等于承认了个人有为自己多分粥的权力，同时给予了每个人为自己多分的机会。虽然看起来平等了，但是每个人在一周中只有一天吃得饱而且有剩余，其余6天都饥饿。

结论：这种方式导致了资源浪费。

方法三：大家选举一个信得过的人主持分粥。开始的时候，这品德尚属上乘的人还能基本公平，但不久他就开始为自己和溜须拍马的人多分。

结论：不能放任堕落和风气败坏，还得寻找新思路。

方法四：选举一个分粥委员会和一个监督委员会，形成监督和制约。公平基本上做到了，可是由于监督委员会常提出多种议案，分粥委员会又据理力争，等分粥完毕时，粥早就凉了。

结论：机构臃肿，办事效率低。

方法五：每个人轮流值日分粥，但是分粥的那个人要最后一个领粥。令人惊奇的是，在这种制度下，7只碗里的粥每次都是一样多，就像用科学仪器量过一样。

每个主持分粥的人都认识到，如果7只碗里的粥不相同，他确定无疑将享有那份最少的。

故事引出了一个发人深思的问题——学校的机制如何创新。

学校的机制要创新，首先应该考虑为什么要创新的问题，围绕什么核心来创新的问题。否则学校机制的创新很可能变成一种哗众取宠、标新立异。就目前学校制度来看需要创新的原因很多，但我们创新机制的一个核心就应该是以人为本，创造幸福和快乐的教育！

当下传统教育的弊端越来越明显地表现出来，所以很多有识之士，有识之校开始了大胆的探索和改革，这种探索和改革更主要的表现在课堂上。昌乐二中赵丰平校长说："课堂是教育教学的主阵地，也是素质教育的牛鼻子，没有课堂的彻底革命，任何改革都是蜻蜓点水。课堂革命的出发点和最终目标在于改变学生的学习状态，实现学习效果的最大化，让学生会学、学会、想学、乐学，在课堂上享受到生命自由奔放成长的快乐。"赵丰平校长的一段话恰恰击中了学校机制创新的要害，学校机制的创新必须以课堂教学改革为突破口。

前段时间与一位中学校长交流关于课堂教学改革的话题，该校长看到我们的教室里四周布满了黑板、学生人手一份导学案、在课堂上学生可以用各种颜色的粉笔在展示区域上尽情地挥洒，眉头紧锁着说：“我们没有办法把教室装上黑板，没有办法为学生印制导学案，没有办法为学生准备充足的粉笔，一句话，因为我们没有财权，又不敢随意跟学生收取相关费用。”这位校长反映的是许多学校甚至教育主管部门存在的真实情况，但是，为什么不努力去改变现有的机制，为课堂教学改革创造完备的条件？是思想的固化导致各项制度的固化，世界上总得有第一个吃螃蟹的人，为什么就不能是我们？

以人为本，尊重生命，是课堂教学改革应该遵循的最基本的原则，要想真正创造出幸福快乐的教育，在机制的创建上必须做到眼中有教师、眼中有学生，尊重每一位教师的劳动和创造，尊重每一个孩子的劳动和创造。让每一个个体生命在学校体制的空间里自由自在地成长，自由自在地昂扬。

教育要“投其所好”

李炳亭先生提出“教育的最高境界就是投其所好”。“投其所好”就是要研究学生，时刻想着学生好什么，需要什么。这样教育教学才具有针对性、实效性，才能使教育充满幸福和快乐。那么研究学生，至少应该从以下三个方面着手。

一是，根据学生的年龄、心理特点，研究学生当下年龄阶段的所思、所求、所感、所好。尽管我们所面对的是一群高中学生，没有了小学生那种天真顽皮、活泼好动、单纯幼稚的特点，但在这些大孩子们的内心深处仍然有着一颗躁动不止的心，在他们的身上会明显表现出那种生命的激情和张力。他们渴望与周围其他人的沟通，渴望成功、渴望得到别人尊重和认可，渴望得到别人理解和信任，甚至渴望着得到异性同学的赞许哪怕只是一种眼光的赞许。号准了学生的脉搏，才能对症下药，才能药到病除。所以，为了这些大孩子们深埋在内心深处的想法都能最大程度上得到满足，我们就要给他们创造机会，提供空间，搭建平台，让每一个孩子都能在课堂上尽情挥洒让他们的聪明才智，展现自己的独特的风采，获得别人的掌声，通过师生的共同努力打造出生活的课堂、生态的课堂、生命的课堂。

二是，研究孩子们的学习基础、学习能力和学习习惯。每一个鲜活的生命都是以个体的形式存在的，每一个孩子都有不同于另外一个孩子的学习基础、学习能力和学习习惯，因此我们培养的是“这一个生命”，为“这一个生命的发展奠基”，而不是为“这一批”掐头去尾、整齐划一。传统的课堂教学在批量生产教学产品的同时恰恰忽视了孩子们个性的存在，所以，在传统教学体制下培养出来的孩子几乎都是千篇一律的因袭、保守、缺少创造精神，缺少鲜明的个性。在新课改理念下的课堂教学就必须认识到孩子们之间的个性差异，唯如此才能建设好新课堂，培养出新学生。有一些孩子，学习基础并不是很好，但这并不等于他们的学习能力、学习素质不好，以前学习成绩不好的原因很可能是因为学习环境、学习习惯的不同，这些孩子身上仍然有属于他们自身的很多与众不同的优点。他们的兴趣爱好广泛、身体健康、乐观向上、心理承受能力远远超过那些传统意义上所谓的优生。因此，在新课改的教育理念指导下，本着提高学生素质，尊重学生个性的原则，我们必须竭尽全力为孩子们拓宽发展空间，发挥其特长，根据其自身条件和爱好，竭力培养如唱歌、跳舞、体育、绘画、书法等其他能力。我想这也就是古人所讲求的因材施教，具体问题具体分析。在教育教学中，我们认识到了每一个个体生命间的差异，就会采取针对性的措施，而不至于出现非要鸭子、兔子、猴子一起学游泳，或在一起赛跑了。

三是，研究孩子们生长的家庭社会环境。生命的成长都需要一定的土壤，每一个个体生命的展现背后都带有鲜明的家庭、社会的影响因素。因此，研究孩子们生长的家庭社会背景对实现“投其所好”的教育教学仍然具有十分重要的意义。农民种地都明白哪一块地适合栽些花草，哪一块地适合种些庄稼，哪一块地适合栽些树木。如果农民们不考虑土地的性质就不分青红皂白地想种什么就种什么，那么结果很可能就适得其反。以我们校本课程的开发来说，针对这所农村学校，这些孩子除了身上流淌的质朴、勤奋血液之外，站在孩子们的家庭和社会背景上来看，孩子们到底需要什么样的校本课程？我想，这些孩子除小部分升学外，大部分学生都要走向社会，那么大多数走向社会的学生将来的生存、生活方式是什么？可能很多学生进钢厂、从事农业生产、从事建筑等行业，但这些恰能促使每一位教师冷静地思考，学校的教育能为这些学生将来的生存、生活提供了什么样的技能和知识准备？思考这些问题，我们就可能在学校的课程开发、设置上更能体现出学校的特色，更能符合学生将来发展的需要。

古人讲“因材施教”，李炳亭讲“投其所好”，我认为二者在理念上异曲同工，其中最本质的一点就是“眼里必须时时刻刻有学生”，“心理时时刻刻装着学生”。

“放手”后老师们做什么？

“放手就是放生”，“开放的程度决定教育的高度”等都在说明一个最朴素的道理，那就是在新课改的理念下，老师必须努力做到把学习的权利充分交还给学生，让学生成为课堂上真正的主人。

一旦真的把学习的权利交还给了学生，实际上就基本上做到了教育教学上的两个转变，一是师与生关系的转变，一是教与学关系的转变。当课堂实现了“生”为中心，实现了“学”为中心后，老师也就自然而然从课堂上絮絮叨叨的劳累中解脱出来，实现了“减负”。那么老师们在对学生“放手”之后是不是真的无所事事、轻松自在了呢？

老师获得了解放，但绝不等于老师从此就可以作壁上观，老师最起码有这样几个方面的任务：观察、引导、点拨、调控。

观察，就是要观察学生的学习状态、学习方法、学习效果；观察学生个体和学习小组的自主、合作、探究的程度；观察孩子们在课堂上的一举手、一投足，一次蹙眉、一抹微笑。总之老师要做到“眼观六路，耳闻八方”，表面上是学生在充分自主、合作、探究的学习，实际上老师应该通过细致入微的观察，喜学生之所喜，忧学生之所忧，脉搏和学生一起跳动，真正成为课堂里的“第 51 名学生”。

引导，老师始终应该成为学生学习的组织者、参与者和引导者。当我们以一个成人的眼光来看待孩子的时候，每一个孩子都有着自身的优点和毛病。同样，当以老师的眼光看待孩子们的时候，即使最优秀的孩子也会出现各种各样的错误，因此，课堂上绝对少不了老师的适时引导，就像技术并不熟练的司机快要把汽车开出马路一样，要及时提醒，使之纠正偏离了的方向，加快前进的速度。

点拨，孩子们的认知毕竟有限，孩子们的相关知识储备、学习能力决定了不可能自主解决一切困难，在很多情况下，孩子们对所学内容知其然不知其所以然，即使有时想知其然但因为种种原因却不能得其然，或者不能全面的把握其然，这时候就需要老师的及时介入，适当点拨。“不愤不启，不悱不发”，瞄准时机的点拨拔高会取得更好的学习效果，所以在课堂上，帮学生再上一个台阶对学习目标的达成尤为重要。老师的点拨拔高就是帮学生们画出的龙再点上睛。

调控，一首乐曲有轻重缓急，一堂课同样也应该有轻重缓急，这样的课堂才会和谐。课堂学习每一个环节的时间分配，学生们互动展示时间的多少，学习内容的主次轻重等等，这些都需要老师提醒、调控。“放手”绝不等于听之任之，适时调控才能创造出或铿锵或优美的课堂节奏，才能保证每一个孩子在课堂上学得津津有味，学得眉飞色舞，学得井井有条、乐此不疲。

对“课堂”与“教育”的认识

作为一名教育工作者，问过自己什么是教育吗？教师每天都在课堂上行走，叩问过什么是课堂吗？恐怕是“不识庐山真面目，只缘身在此山中”。

对于什么是教育的理解，古今中外的表述很多。

蔡元培：教育是帮助被教育的人给他能发展自己的能力，完成他的人格，于人类文化上能尽一分子的责任，不是把被教育的人造成一种特别器具。

陶行知：教育是依据生活、为了生活的“生活教育”，培养有行动能力、思考能力和创造力的人。

康德：教育是由个体自我设计、自我选择、自我构建、自我评价的过程，是自我能力的发展，它体现着社会意志和教育者与受教育者平等自由地、审慎严肃地共同探究的机理，不是“指令”，不是“替代”，更不是让茧中的幼蝶曲意迎合或违心屈从。

蒙台梭利：教育就是激发生命，充实生命，协助孩子们用自己的力量生存下去，并帮助他们发展这种精神。

雅斯贝尔斯：教育是人的灵魂的教育，而非理性知识的堆积。

国际21世纪教育委员会向联合国教科文组织提交的教育研究报告说：教育是保证人人享有他们为充分发挥自己的才能和尽可能牢牢掌握

自己的命运而需要的思想、判断、感情和想象方面的自由。

这些伟人的思想中的一个共同点就是教育应该“让人得到发展，得到完善，有能力，会生活”。按照当下的认识，教育从狭义的角度来说就是指学校教育，让孩子们在校园环境中得到培养和锻炼；从广义的角度来说教育还应包含着学校教育、家庭教育和社会教育等等。

理解了“教育”，那么什么是课堂呢？首先看一看一些既有的观点。

“从传统意义上讲，课堂是指以教学班为单位，进行各种教育教学活动的场所。”

我国学者肖川认为：“只要是以个体的成长与发展为主要目的的存在方式的场景都可以是课堂。”

比较一下传统观点和肖川的观点的差别，实际上肖川的观点对课堂的理解范围远远超过了传统意义上的课堂范围，甚而至于等同于一般所认识的广义“教育”的内涵，即学校、家庭和社会。

概括起来，教育就是包含学校、家庭、社会在内的所有能够使人成长、促人完善，健全心智的活动。而课堂就是传统意义上以班级为单位的教与学的活动场所。学校的教育承载着教育的大部分内容，而课堂又是学校教育的核心场所，是达到教育目标的关键。学生知识的获得、思维的训练、能力的提高以及智慧的形成主要是发生在课堂上，如果没有了课堂这一载体，虽然孩子也会在家庭中、在社会环境中得到成长，但是除非特殊情况的存在，他们所接受的教育是不具体、不系统、不完善的。

因此，就教育的内涵而言，课堂只是“教育”这个面上的一个重要的点。但是如果我们在教育的过程中只注重了点的作用，而忽视了面的功能，教育很可能路越走越狭窄，效果越来越低下。同样只关注面的话，不注意点的作用，教育就消失了主题，散漫无序。只有把点和面很好地结合起来，重视二者相辅相成的功能，教育才能真正走上良性发展的轨道，才能生产出思维开阔、能力创新、富有智慧的更多的合格品。

“高效课堂的六个创新点”及反思

11月26日，课改专家于春祥老师应邀来校，对我们的高效课堂建设进行诊断。事毕，于老师提出了六点批评和建议。

导学案的重建与再提升

1. “过程归于流程，方法蕴含其中。”就三维目标而言，知识与技能、过程与方法、情感态度价值观，应该怎样在导学案中体现出来？“知识技能两三点，过程方法一两点，情感态度一两点，加在一起六七点。”对于学习目标的实现，在导学案中用什么样的方法、方式非常的关键。而方法的设定不是物化在导学案上，而是要渗透到整个学习的过程之中，在课堂操作流程中适时体现出学习方法的指导。把学习的过程、学法的指导有机的融合在一起，浑然天成、不露痕迹，这是导学案编制的一个大境界，值得探索。

2. “基础一类，能力一类。”如果再加上一句话的话，应该是“检测一类”。基础、能力、检测，这正符合了一个大致的学习过程，即自学、展示、反馈。“基础一类，能力一类”指向“自学、展示”，如果缺少了“检测”的话，那么“反馈”这一过程便无从实现。结合我们的导学案，在导学案编制上，三个模块基础学习、能力提升、当堂检测，基本上实现了“基础一类，能力一类，检测一类”的要求。导学案“大框架的设计一定要体现学、展、评、练各环节，而且各环节的界定要清楚”。我们导学案中“①明确目标；②自研自探；③成果交流；④巩固强化；⑤自我提升；⑥互动展示；⑦矫正补充；⑧当堂检测；⑨回顾反思”正与此不谋而合，而且各个流程环节都做出了较为明确的时间和操作方法的预设。

3. “独学不应没有反馈，独学到什么程度不应没有结论。”这一点正击中目前在导学案编制和课堂操作上的要害。在一般的课堂操作过程中，很多学科，往往存在着学生自学之后就进入到对学或群学阶段，所以忽视了独学反馈这一重要的学习环节，即使有一些独学质量的检测，但是导学案中并没有明确出学生独学时应该学到什么程度，达到什么水平，是理解，是记忆，还是应用？虽然在独学的过程中给出了方法和时间，但是方法和时间绝对代替不了学习结果的验证。因此，在导学案的编制上，独学要取得的结果还是要进一步明确出来。

4. “所有的开放必须有一个具体方法的引导，在具体的方法基础上才能更好地实现开放。”针对导学案设计，大多学科的导学案超越了导学案习题化的阶段，正朝着思维的训练、能力的提升的目标去努力，因此导学案上存在很多的留白。在大胆留白的同时，还应思考在学法指导上的进一步的具体化、可操作化、实用化。

5. “所有的给予都是控制。”一直在提倡把学习的权利交还给学生，既然是交权，老师就要最大限度地减少对学生学习过程的控制。如果总是喜欢越俎代庖，舍不得的把课堂都交给学生，所谓的高效课堂同样会变得与传统课堂无异。因此于老师提出“甚至把学习的目标都可以交给学习小组，让学习小组根据本组的需要生成自己的学习目标”，“整个学习内容设置几个问题，让学生自己做”。这些观点恰恰是把学习权利交还给学生的重要体现。“把学习目标的设定都交还给学习小组”，这一观点，在李炳亭先生的著述中也有非常明确的论述，这正是充分的“利用学生”，同时也是我们下一阶段课堂建设应该探索的一个方面。

课堂展示效率的提升和方法的建议

1. “从内容全覆盖的展示过渡到小组重点展示，一是展示问题点，二是展示创新点。所谓问题点，就是本小组群学后仍然没有解决的地方；所谓创新点，就是本小组与其他小组在某一个问题上的不同理解、与其他小组不同的解题方法。”课堂上到底应该展示什么？展示即暴露、展示即发表、展示即创造、展示即提升。既然要打造新课堂，就必须创造机会让学生大胆地、尽情地展示。但从课堂来看，似乎更侧重展示学生学习的结果，尤其是正确的结果。当把主要的精力落脚到正确的学习结果时，“展示即暴露”的作用就没有能得到充分的体现，同时对较全面的解决学生学习过程中存在困惑，鼓励学生发散思维、创新思维会降低效用。所以我们的课堂质量要再提升、课堂深度要进一步挖掘，就应该进一步考虑如何展示问题点，如何展示创新点。

2. “板演的速度、容量决定课堂的效率。”在高效课堂的建设上明确提出让学生尽可能多的到黑板上去展示。到黑板上板演可以更好地督促学生的学习、锻炼学生的心理素质、提升学生的规范表达能力、暴露学习过程中存在的问题。但是这里存在一个不容忽视的问题就是板演的书写速度肯定要比在纸上书写的速度慢。怎么解决这个问题？提高板演的速度、容量。要提高板演的速度和容量，必须教会学生一些提高速度、容量的方法技巧，训练学生写关键词、画知识树、做思维导图这些简便易行的方法。一个词、一个符号都可以表达一个完整的信息，当把一句句具体的话转变成关键词、符号之后，板演的速度、容量就自然而然的提高。

3.“板演、展示讲解要限时。”每一个学习过程都限定时间这一点是非常必要的，在课堂的具体操作过程中往往被忽视，只关注学生的写和说，而不关注学生在什么时间段内完成写和说。如果一个学习过程缺少时间限制的话，学生学起来就会缺少紧迫感，造成“小车不倒推着走”、“脚踩西瓜皮，滑到哪里算哪里”的现象。所以要想让每一节课取得实效，就必须考虑学习过程的时间预设，哪怕是一个很细小的环节。

4.“特别要鼓励学生的质疑、问答、生成。”高效课堂高效的重要表现之一就是课堂的许多学习现象的呈现都不是预设的，而是在学习过程中随机产生的。一个班级几十名同学，每一个同学都是一个思想的宝库、智慧的宝库，学习的灵光会不断地在过程中闪现。当一节课不断有同学的质疑、有人与人、组与组之间的问答、对抗，新问题生成的话，这样的课堂学习氛围才会热烈，才会有深度、有广度。

抓住内化不放松，力戒念答大弊病

1.“不脱稿，不登台；不互动，不讲解”，“一脱稿就潇洒，内化是高效的出发，外化是内化的强化”。那么到底什么是内化与外化呢？内化与外化本是心理学的概念。内化，是接受知识、并把知识转化为能力的过程，是具体转抽象的过程。外化，是知识的回忆及能力的表现过程，是抽象转化成具体的过程。简单地说，内化是为我所有了，属于自己的了；外化是变成我之所有之后，让别人知道我有。内化是学会的第一步，外化是进阶。所以，要想在课堂上真正让学生学有所获、学有所得，就必须首先在如何让学生更好地把所学知识进行内化问题上狠下功夫。

学生回答问题照本宣科，导学案不敢离手，展示时念展念答等等，这样的表现，即使呈现正确的展示结果，也不能说明学生真正学会弄懂，达到对学习内容的内化。不能被课堂上表面的热热闹闹所蒙蔽，在追求课堂学习氛围热烈的同时，更应该追求学生对知识内化于心的“静”，“抓住内化不放松”。

为此，要提出明确的学习要求，独学是扎扎实实，对学、群学积极参与交流，展示时坚决避免学生念展念答现象，鼓励学生脱稿展示，用自己的语言去展示，按照自己的理解去展示，让“不脱稿，不登台”成为课堂中的习惯。

2.“互动”是高效课堂中重要的学习方式，这也是与传统课堂的重要区别。学生个体与个体、小组与小组在课堂上的互动对学习内容的深化、内化有着极为重要的作用，一些问题可以在互动的过程中分辨得更为清楚，创新的思维可以在互动过程中更好的生成，可以说没有互动的课就很难有生成，没有生成的课就缺少了学习的源头活水，缺少了生机和灵动。

3.“难度大的问题要设置变换流程，为学生的学习搭建台阶。”在课堂教学上，一直提倡基于学情的教学，适应了彼的学习内容不一定适应了此。所以，在导学案编制和课堂操作中，要尽量避免难度过大的题目的出现，如果确有必要出现，就应该为学生搭建几个台阶，这样既避免了学生感到一步登天的困难，同时学生在解决一个个小的问题的时候，也会有更多的成就感，树立克服困难的信心。所以，老师们要善于灵活处理每一个问题，能够大而化之，繁者简之，实事求是，不唯书，只唯生，只唯学。

小组合作意识要加强，个人替代小组的做法要淡化

1.“共识求合力，合力有团队。”在新课堂建设过程中小组作为学习的基本单位，同时也成为构成班级的最小的单位。小组建设的成败直接

关系到小组以及小组成员的学习效果。安徽铜都双语学校提出了“人本跨界大课堂”的概念，其中一条重要的原则就是班级界限可以打破，但学习小组作为固定的单位不能跨界。学习小组作为一个最基本的单位固定不变，这便于老师们对小组的综合评价，便于小组内部形成坚强的合力，便于小组成员之间更好地开展独学、对学和群学。强调小组的合作意识，要避免在学习过程中以个别优生的学习结果来代替全体小组成员学习结果的现象，这对面向全体学生，大面积提高学习质量有着极为重要的意义。高效课堂建设的目的不是为了培养班中的几个优生，而是要面向全体，使绝大多学生能够学有所长，学有所得。我们采取了一系列的措施来加强小组的合作意识，比如，在小组评价上，就专门规定小组要全员展示，不允许个别优生包办代替。加强对学、群学环节，让每一个学生都能根据自己的学习能力，学习水平或多或少体验到学习的收获，感觉到自身的价值，树立起人生的自信。就目前来看，我们的课堂基本解决了小组展示以个体替代整体的现象，每个人都能找到自己在学习过程中，尤其是展示的时候分担的角色，品尝到了成功的幸福和快乐。

2. “展示要展示共识，个性可以补充，如果没有共识，小组就解体了。”如果在展示的时候分不清主次轻重，势必会造成个性掩盖共识的现象。小组展示，应该展示小组在对学、群学后共同的学习成果，是集体智慧的呈现，这“共识”才是小组展示的“主”，所以每个小组成员都要在此基础上进行展示。对于在学习过程中存在的个性的理解、创新的思维，作为补充，也就是展示时候的“次”。共识和个性是一个主与次的关系，共识是小组凝结的纽带，如果我们在小组展示的过程中忽视了对共识的展示，天长日久，小组这个学习组织会自然而然地消亡。

3. “展示人员要轮换。”这一点非常的重要，这也是避免优生展示的最有效的方法。在展示过程中一直提倡全员展示，每个人都有自己的任务，都担当自己的角色，这要比展示人员轮换制更为科学合理。根据小组的人数，把对一个问题的展示细化为审题、解题思路、解题过程、解题的关键点、解题注意问题，小组学习过程中存在的问题、小组对该问题的创新点等几个方面。这就使学生在展示时有章可循、有据可依，从而也更有效的避免了只有优生展示的现象。

展示是高效课堂中一个极为重要的学习环节，是课堂精彩的体现，是同学们生命激情和学习智慧的展现，它直接关系到课堂的学习效果，因此，要深化我们的思维，进一步探寻更有效的展示方法。

课堂达标环节要落实

李炳亭先生强调学习的“自学—展示—反馈”过程，就“反馈”环节来说，课堂达标检测是其重要的表现，也是最实用、最有效的检查同学们学习效果的方法，同时课堂达标检测还可以为老师对学情的调查进一步的提供依据，为下一节课的学习做相应的准备。因此，每一节课都应该认真做到“课堂达标环节要落实”。也因此，当堂检测的环节在我们的导学案“三模”中占有很重要的一席之地，成为我们学习过程中不可或缺的一部分。

能否落实好课堂检测决定着问题解决的程度。对检测题目处理的方式不一样，所产生的效果就会不一样。比如，让同学们在座位上完成与到展示区域完成效果就不一样；只了解学生完成的结果与从中发现问题进而解决问题就不一样；对学习小组或者成员个体有没有恰当、及时地评价产生的效果也不一样。把课堂检测效果发挥到极致，更能彰显高效课堂的高效。

另外，在导学案中此部分的编制上，于老师提出了“达标检测过于简单”，“切忌题量太大”等问题。选用的题目过于简单了，就不能很好的暴露学习过程中学生仍然存在的问题，表面上学生完成起来不费吹灰之力，课堂学习的效果很好，但实质上是用一种华丽的外表掩盖了真正的缺憾。所以，要本着学情、本着本节课的学习目标去选用课堂检测的题目的原则，不唯难、不唯易，实事求是，追求实效。题目的数量要合适，尽管，当堂检测是高效课堂流程中的重要组成部分，但是，对这一部分题目的数量要把握适当，一般情况下10分钟左右较为合适，如果题目的数量太多，无疑会占用很多的时间，相对于基础学习、能力提升来说就显得有些喧宾夺主。到底选用几道题目，把题量控制到什么程度必须结合学生的实际水平和学生的学习能力。

再有，课堂检测题目的形式要灵活多样，不可一味地设置选择题、判断题，如果把几个课时的学习作为一个较为完整的系统的话，那么在这个体系当中，各种题型都应该有所体现。如果不注意题型的多样化，训练就可能逐渐变得畸形。

高效课堂的每一步流程都很重要，都关涉到学习效果的问题，关注流程细节，关注学习效果，关注学生的学习状态和生命状态。于春祥老师说："课改深处是良心。"当我们把学生、把学生的学习时刻装在心中的时候，我们的教育教学则"近乎道矣"！

全员参与做研究

苏霍姆林斯基《给教师的一百条建议》中提到："研究工作对老师来说并不是什么神秘和高不可攀的事，不要一提研究就感到害怕。就其本来的基础来说，老师的劳动就是一种真正的创造性劳动，它很接近科学研究……无论就其本身的逻辑来说，还是就其哲学基础来说，老师的劳动都不可能不带有研究的因素。这首先是因为，我们所教育的每一个个体的人，它在一定程度上就是一个充满思想、感情和兴趣的，很特殊的，独一无二的世界。如果你想让教师的劳动能给老师一些快乐，使天天上课不至于变成一种单调乏味的义务，那么你就应当引导每一位教师走上从事一些研究的这条幸福的道路上来。”

按照苏氏的观点，老师做一些研究工作并不是很难的事情，教育界的大家、名师哪一个不是在对自己工作的研究中成长起来的呢？陶行知、于漪、魏书生等等。没有研究就不可能触及教育的本质，就不可能有教育质的飞跃。

在传统的教育教学当中，为什么，很多老师站了几年讲台之后，那种最初为人师表的激情都变得烟消云散，当日复一日地重复着昨天的故事的时候，很多老师也就成了名副其实的教书匠。“教师职业工人化”的趋势越来越明显的影响着我们教育的发展。归根结底，这些老师只是把教书育人看成自己的一种糊口的工作，缺少对工作研究的动力，加之传统教育教学的思想的固化、陈旧，一个教案连续用几年照样可以应对学生。这样的教学思维能够激发起老师们研究的欲望和研究的兴趣吗？

“教师从事教学工作有三种情况，一是将其视为职业，二是将其视为事业，三是将其视为志业。由于每位教师的思想文化素养不同，对事业工作的看法不同，也就有了不同的心理感受与工作态度。将其视为职业者，为取工资而已，敷衍于工作也；作为事业者，会将工作纳入自我价值的追求之中，工作热情持续而长久；作为志业者，则会达到忘我而有快乐的境界，创新激情不断，即实现了人生的价值，更推动了学校工作的开展。”

针对高效课堂建设来说，这是一项充满挑战、充满刺激和冒险的工作，这更需要每一位致力于打造高效课堂的老师俯下身子、静下心来研究我们的教育学，实现“科学推进求高效”的目标。

新课堂，是在新的课改理念下，彻底实现师与生、教于学的关系的转变的课堂，所面对的每一天都是新的，无限可能的，这就决定了老师不得不每天认真研究编制导学案、认真研究学情，认真研究课堂模式和课堂流程，解决教学实际中出现的新问题。高效课堂对每一个人来说每天都是一个全新的挑战，容不得固守已有。

事实上，很多老师在课堂建设上都付出了大量的心血，他们在对课堂宏观或微观的研究中逐渐发现了教书育人的乐趣，发现了作为一名平凡而普通教师的自身价值，努力践行着教好书、育好人的责任。正因为如此，我们的课堂建设，才在短短的一年多的时间内，完成了其他课改学校几年走过的道路，甚至在很大程度上超越了他们，这正是老师们研究的结果，我们的老师们在探索高效课堂的道路上已经逐渐找到了教书育人的幸福和快乐。

在如何更好地开展探索研究上，于老师给我们提供了很好的建议："建立分类的课题研究论坛"，这既有利于尽可能多的教师参与到研究中来，更有利于在研究中、在工作中发现共同的话题，便于研究的深入和成果的取得；"读一本与课改有关的书"，更是让每位教师从思想上丰富自己，提升自己，让高效课堂的理念和方法深入到骨髓；"思考 2013 年的课改计划"，辞旧迎新之际，的确应该思考我们课堂建设的走向，不自满、谦虚严谨，汲取众家之长，开创性的做好我们的课堂建设，探索出更多属于我们自己的东西，用我们的思想去影响别人的思想，用我们的良知去唤醒更多人的良知，用我们的智慧去点燃别人的智慧，这才是我们这些课改人应该担当的责任。

教育，关注学生的情绪了吗

在新课程改革的理念下，学生成为学习的主体，成为课堂的主体，成为教育的主体。因此，每一位教育工作者都应该树立正确的学生观，一切教育教学手段、方法都应该把学生放在思想的核心，唯如此，才能彻底实现师与生的关系、教与学的关系的转变，才能培养出适应将来社会发展的新学生。

然而，事实上，在教育教学的过程中，往往是关注了学生的学习，却忽视了重要的教育内容——学生情绪。反思一下我们的教育教学过程，有没有过因为学生在课堂上回答不出来所谓的简单问题而情不自禁地挖苦讽刺？有没有过因为学生的违纪而怒火中烧？有没有过因为学生上课迟到，哪怕只是一分钟，而严厉批评，令其当众检讨？林林总总，都在说明一个很现实的问题，我们在教育教学工作中，并没有把学生看做是和教师地位对等的人，而是在某些时候自觉不自觉地把学生当成了发泄情绪的对象。换句话说，就是老师们只关注了此时此刻自己的情绪，而没有关注此时此刻学生的情绪。因此才有很多的慨叹，为什么学生不喜欢我们，为什么我们对学生的教育没有产生预期的效果等等。

在教育教学这个领域，有什么样的学生观，就会收获什么样的教育教学成果。

学生观的核心内涵是，学生是人。至少在表面上，所有人都认为学生是人，然而，在实际的教育工作中，却普遍存在着把学生当做没有情绪的物的现象。作为具有主动性生命形式的人，正是具备这种主动性，才能够不断地“更新”，不断地超越自我。因此，在教育实施的每一个环节，都必须充分考虑如何保护并发挥学生的主动性、积极性。

当然，以“学生是人”为核心内涵的学生观，除了关注学生的学习，还必须关注学生的生命成长状态，关注学生的情绪。

近日，聆听洛阳市西工区西下池小学李艳丽校长的报告，她为我们如何关注学生的个体生命，如何关注学生的情绪，表达我们对孩子们的爱提供了很好的范例。

教师	日期	班级	学生	事件	给情绪命名（第一句话）	允许情绪发生（第二句话）	表达爱（第三句话）	学生状态	教师感受
鲁慧	10.8	四二班	谷李珂	打扰了别人(源于妈妈醉酒)。	你看上去有点烦，能告诉老师发生什么事情吗？	你不愿看妈妈喝酒，所以你很伤心，你想哭就哭一会。	那件事情不是你的错，是妈妈的事情，你很好，老师爱你。	眼泪夺眶而出，有一种被人理解的感觉。	当帮助学生分辨出这件事情是别人的事情时，能感受到学生有一种轻松感，原来这件事情不是他的错。事情与人分开，学生自我价值感不会因为事情而降低，我以后会这样做。
张学争	9.28	五一班	肖龙	写作业速度很慢，我站在旁边很焦急。	孩子，你作业写得慢我很焦虑。	没关系，你可以按照你自己的模式继续写下去。	老师爱你，看到你作业写得慢，我焦虑，是我的事，不是你的错。	没有反应，仍然按原速度写着作业。	当我给孩子表达爱之后，我的内心释然了很多，突然觉得很轻松。
王岑	9.21	二三班	雷震	雷震同学下课找我聊天，但因为要值班，所以着急走。	你很快乐，也很想跟老师分享对吗？		但老师现在必须下楼，我们下次再聊。看你快乐我也很快乐。我爱你。	欣然同意	情绪和感受可以相互感染。学生可以理解并感受到老师的爱。

西下池小学的核心教育理念就是爱和规则的教育，李艳丽校长把关注学生的情绪，对学生爱的教育命名为爱的语言，具体操作可分为三步：第一，情绪命名；第二，允许情绪发生；第三，表达爱。上面的示例就是他们对关注学生情绪做的教育实践和努力。

《大学》：大学之道，在明明德，在亲民，在止于至善。鲁迅：教育是要立人。儿童的教育主要是理解、指导和解放。钟启泉：教育是奠定“学生发展”与“人格成长”的基础。秦文君：教育应是一扇门，推开它，满是阳光和鲜花，它能给小孩子带来自信、快乐。蒙台梭利：教育就是激发生命，充实生命，协助孩子们用自己的力量生存下去，并帮助他们发展这种精神。雅斯贝尔斯：教育是人的灵魂的教育，而非理性知识的堆积。亚米契斯：教育是“爱的教育”。

不论古今中外这些教育家们怎么表达教育的内涵，归根结底就是首先要把每一个孩子当做活生生的人来看待，当做和我们老师们地位对等的人来看待，这样，我们才能真正关注到孩子的情绪，创造出和谐的教育，培养出和谐的人才。

我的理想课堂

我们的课堂建设到底趋于哪一个方向？我们的课堂到底应该以一个什么样方式呈现课改理念？这值得我们每一个人去思考，去探究，去求证。

我们先看一看我国古代伟大的教育家孔子的课堂教学。

场面一：

子路、曾皙、冉有、公西华侍坐。子曰："以吾一日长乎尔，毋吾以也。居则曰：'不吾知也！'如或知尔，则何以哉？"

这个教学场面，就类似于高效课堂中的小组学习，几个人围坐在一起，可以互相交流，取长补短。老师并没有成为高高在上的权威，以孔夫子的名气和身份居高临下地看待那些学生们，而是与学生围坐在一起，成为学生学习过程中的参与者、组织者、引导者，成为学生学习过程中的一员。反观那些始终不肯走下讲台的老师的做法与孔先生比较，确实是云泥之别。"以吾一日长乎尔，毋吾以也。"（不要因为我年纪比你们大一点，就不敢说话了。）首先打消每一个学生内心的顾虑，创设一种师生平等的民主的教学氛围，然后再提出这一节课的学习内容——"居则曰：'不吾知也！'如或知尔，则何以哉？"

场面二：

子路率尔而对曰："千乘之国，摄乎大国之间，加之以师旅，因之以饥馑；由也为之，比及三年，可使有勇，且知方也。"夫子哂之。

对子路的轻率地回答，夫子只是微微一笑，注意这里的"哂"绝不是嘲笑，而是微微笑，不管孔子在心里怎么评价子路的回答，但表现出来的依然是满面的笑容，绝不是你的回答不符合我的心意就要一棍子打死，可见孔子对学生们的尊重、理解和宽容。

场面三：

"求！尔何如？"

对曰："方六七十，如五六十，求也为之，比及三年，可使足民。如其礼乐，以俟君子。"

"赤！尔何如？"

对曰："非曰能之，愿学焉。宗庙之事，如会同，端章辅，愿为小相焉。"

"点！尔何如？"

鼓瑟希，铿尔，舍瑟而作，对曰："异乎三子者之撰。"

子曰："何伤乎？亦各言其志也。"

曰："莫春者，春服既成，冠者五六人，童子六七人，浴乎沂，风乎舞雩，咏而归。"

夫子喟然叹曰："吾与点也！"

在孔子组织的这小组合作学习中，作为老师让每一个学生都有展示的机会，都能把自己的观点充分表达出来，并且善于引导学生表达自己的思想。“何伤乎？亦各言其志也。”说错了也没有关系，同学之间互相交流而已。这就体现了孔子教学对待学生的启发、诱导的能力。而且孔子在教学中做到了“不拘一格降人才”，只要你的思维在动，在思考我提出的问题，我就别无他论，所以对于“鼓瑟希，铿尔，舍瑟而作”的公西华的弹奏视而不见，充耳不闻。这就是孔子的教学气度和境界，也是作为老师对自己信心的表现。

场面四：

三子者出，曾皙后。曾皙曰：“夫三子者之言何如?”

子曰：“亦各言其志也已矣。”

曰：“夫子何哂由也?”

曰：“为国以礼，其言不让，是故哂之。”

“唯求则非邦也与?”

“安见方六七十如五六十而非邦也者?”

“唯赤则非邦也与?”

“宗庙会同，非诸侯而何？赤也为之小，孰能为之大?”

最后一个场面当属课下辅导行为了，学生有不明白、疑惑的地方给以耐心的解答，在解答中进一步明确自己对这个问题的认识，阐明自己的观点。

通过侍坐章这个教学片断，我想理想课堂就应该体现这么几点：

1. 老师要深入到学生中间，不要站在讲台上岿然不动地维护着老师的权威，要真正成为学生学习过程中的参与者、引导者、点拨者甚至点燃者。师生是平等的，教师是学生中的首席。

2. 作为老师对待学生的原则就是要尊重、宽容、欣赏、理解和信任，不要认为学生的观点幼稚就打击、挖苦、嘲讽。“爱”才是做好教育的前提。

3. 学生的学习不要拘泥于某种形式，甚至可以打破现在的小组学习的形式，探索以一种更为自由，更为轻松的形式积极主动参与到学习过程中。只要学生学，就不要过分计较他是怎么学。

4. 打破现在学习上的一切限制，班级界限、学科界限、空间的界限，让学生更多的体会自然的情景，创设温馨的学习氛围。只要学习发生的地方都可以称为课堂。

5. 要把学习的权利充分交还给学生，把主持课堂的权利充分交还给学生，让每一个学生都能学有所得、学有所长，让每一个学生都能在思维、能力、智慧上得到充分的锻炼。“教的目的在于成就学生。”

6. 好的课堂就应该像一篇散文一样形散而神聚。去掉课堂的形，保留课堂的神，不拘泥于师生的关系，不拘泥于教学的关系，旨在学生的学会、会学、想学、乐学，让教师在“教”中幸福快乐的提升，让学生在“学”中自由快乐地成长。

读李镇西《做自在教书匠》感想

近日读《中国教师报》连载的著名教育家李镇西的随笔《做自在教书匠》。李镇西老师在文中提到："教书匠不是教育家，但教育家却一定要有教书匠的特质。""许多受世人敬仰的教育家，如陶行知、苏霍姆林斯基、阿莫拉什维利等都曾经是教书匠。一个教师一辈子都是教书匠并不可耻，这只能说明他始终坚守在教学一线，不断提炼教学技艺、提高教学质量。""教书匠和教育家之间并没有不可逾越的鸿沟。每一位教师都有选择成为受世人尊敬的教育家或做个冲锋陷阵的普通教师的权利和自由，不应盲目听从别人的言论而迷失了前进的方向。"从这些片言只语来看，李镇西老师强调的就是不要做那些空有理论的"教育家"，要在教育教学实践中总结、提升教育教学理论，哪怕做不成教育家，也不会因为悬浮在教育实践基础之上当不成"教书匠"。

由此，我又想到了著名课改专家于春祥老师的一段话："学校更喜欢那些思想理念能够'上天'，实践操作能够'入地'，能够行走课堂，敢于以身示范的专家。"两位大家的观点不谋而合，都鲜明地阐释了教育教学理论与实际操作的关系，实践是本是源，理论是"上层建筑"。所以，真的要成为受世人尊敬的教育家或教书匠，必须永远踏踏实实行走在课堂实践之中，扎扎实实地占有一线教学的高地。

联系教育教学现状，许多高级职称的教师和领导都已经停止了在课堂上行走。但是，学校的教育教学的一切行政命令，一切指导性措施，却都由这些不在课堂上行走的教师所发出来的。缺少教育教学实践的所谓的经验是没有积极价值的经验，没有从教育教学一线中来的措施也不可能是有效的措施。一些学校享受着优质的教育资源，优质的生源，可是为什么创造不出优质的教育，培养不出优质的人才？一个重要的原因就是那些教育教学的指导者都悬浮在天上，而没有把双脚扎扎实实地踩在大地上。

教育行政化的趋势锐不可当，人们的价值观念越来越趋于低俗。甚至一些人担任了学校的领导，便觉得自己高高在上，便有了可以脱离一线教学的借口和理由，更有了闭门造车指挥教育教学的权利，这是大错特错的。学校的教育教学有着自己独特的地方，具有高级职称的教师本就是一个学校中优质的师资资源，成为学校领导的教师也大都是一所学校中的优质人才，如果这些人能够始终行走在课堂中，始终以静待花开般的心情探索教育教学的真谛，扎实工作作风，充分发挥自己的聪明才智，何愁学校发展思路不清晰，何愁教育教学质量不能提高？当我们靠自己的付出、自己的智慧成就了一所学校、成就了所面对的那些孩子们的时候，我们距离教育家也就为时不远了，即使终身达不到教育家的高度，也是一名无怨无悔、技术熟练、卓有成效的教书匠。

一则漫画的思考

近日看到《中国教师报》刊登的一幅漫画，漫画没有具体的名字，但是内容和寓意简洁明了，引人深思。在一间屋子里，有一个手拿检讨书的孩子，显然这个孩子是犯了错误的学生，孩子的表情是疑问、是懊悔。屋子里面放着一把椅子。窗外几个孩子在偷看这个犯了错误的孩子，每个孩子都露出坦诚理解的笑容。漫画的下面有一句话更让人震惊和反思："给犯错误的学生留面子，就等于给他留了一条改错的通道。"

金无足赤，人无完人，每一个人都是在不断地修正自己的错误当中逐渐成长的。作为成年人，当回首已经走过的人生之路的时候，我们是否也会因为不断地出现过这样或那样的错误而感到羞愧和悔恨呢？面对错误，家长或老师是怎么对待我们的呢？还记得当时的心情吗？

再联系现在的学校教育，是如何对待那些犯了错误的学生的呢？给"犯错误的学生留面子"了吗？毋庸讳言，很多老师都抱着恨铁不成钢的心态，对犯错误的学生一味指责、大加挞伐，动辄几千字、上万字的深刻检查，甚至还要把犯错误的学生拉到操场上面对全体师生进行检讨。美其名曰，为了促使其明辨是非，改正错误。扪心自问，学校这样的教育是为了促使学生改正错误，还是为了发泄因为孩子的错误给管理带来麻烦的愤恨情绪？

应该反思教育方法了。《国家中长期教育改革和发展规划纲要》提出要培养全面而有个性发展的人才，真的要培养出全面而有个性发展的人才，首先就要把孩子培养成一个和谐发展、身心健康的人，所以，基于这个理念每一个孩子都应该得到应有的理解、信任、欣赏和尊重。尽管有的孩子会犯错误，但是这个孩子会一辈子都犯错误吗？“一日做贼，终生是贼”的观点纯粹是一种谬论！

老师们也都有自己的儿女，如果把犯了错误的孩子看成是自己的孩子，甚至看成是我们自己，会采取什么样的方式来对待呢？每个人都有自尊心，即便是乞丐也是如此，不然何来“不吃嗟来之食”这一流传了几千年的名句呢？孩子同样是一个活生生的“人”，他们是需要理解和尊重的，孩子犯错误可能是因为一时的好奇和冲动，这就更需要我们做教育的人冷静的思考，明辨错误的本质，绝对不能像对待阶级敌人一样对待那些一不小心犯了错误的孩子们。

法国作家拉封丹有一则寓言：北风和南风比试，看谁能把行人身上的大衣脱掉。北风首先施展威力，刮起呼呼的劲风。行人为了抵御北风的侵袭而把大衣裹得紧紧的。南风则徐徐地吹拂，顿时，行人觉得春暖衣厚，始而解开纽扣，继而脱掉大衣。北风和南风都想使行人脱掉大衣，但用的方法不一样，结果也大相径庭。教育不也是这个道理吗？有时，给犯错误的学生留了面子，就等于给他留了一条改错的通道，给他的心理健康，给他今后的人生顺利成长留下了一条通道。

读《生命中的圣人》思考

《我是乔布斯》是关于史蒂夫·乔布斯人生经历的一部适合儿童阅读的传记文学作品。其中讲到：

“我很幸运……我的父亲保罗是一个很了不起的人……他是一名出色的机械师，工作非常努力，他的双手会创造奇迹……他教我怎么用铁锤和锯子，还教我怎样制造东西。这一切对我来说太棒了。他在我身上真的花了很多时间。”

保罗的车库里有一个工作台，乔布斯五六岁的时候，保罗就在上面划出了一块属于他的区域。很多家长都会阻止小孩“侵占”他们的空间，保罗却正相反。“史蒂夫，现在这块地方就是你的工作台了。”他说。保罗把工作台清理干净，将所有的工具收拾整齐，按顺序摆好，欢迎乔布斯与他一起使用他的工具，分享他的空间，收获创造的乐趣。

保罗喜欢购买一些旧汽车，将它们修好后再出售。翻修这些旧汽车使保罗对汽车的部件十分在行，乔布斯也因此开始对汽车的内部工作原理产生兴趣。保罗传授给儿子的，不仅是他对机械产品的痴迷，还有他对工艺的完美追求。他常常对儿子说，制造一件东西的时候，要做好它的每一个部件，然后细致、用心地将它们组合在一起，即使这个部件是安装在别人看不到的地方，也不可应付了事。

乔布斯曾这样评价自己的父亲：“他可以修好任何东西，让它们重新变得有用，还能将任何机器拆开，再重新组装起来。这可以说是我在制造业方面的启蒙。发现我开始对电子设备感兴趣后，他就总给我带回来一些东西，让我练习拆开和再组装。”

保罗作为乔布斯的养父，对乔布斯的成长起到了至关重要的作用，是乔布斯生命中的圣人。从这段文字联系我们的家庭教育、学校教育，同样可以给我们很多启示：

1. “兴趣是最好的老师。”这句教育名言几乎是尽人皆知，但真正能够做到把兴趣当做最好的老师的能有几人呢？从家庭教育来说，家长们是否尊重了孩子的兴趣？家长往往是按照自己的意愿，希望孩子走自己为他们规划出来的发展之路。但这个规划却常常是违背孩子的意愿，没有基于孩子的天性和性格特点、爱好取向的。本来手指长度不够却非要让孩子苦练钢琴，本来孩子是色盲，却想把孩子培养成一个画家，这种事例在我们的家庭教育中比比皆是，试想这样的塑造，孩子能够对所接触到的东西感兴趣吗？没有兴趣，学起来当然索然无味，如同嚼蜡。“翻修这些旧汽车使保罗对汽车的部件十分在行，史蒂夫也因此开始对汽车的内部工作原理产生兴趣。”正是尊重并引导孩子的兴趣，才为乔布斯的人生发展做出了最初的奠基。

2. 相信孩子，敢于放手。传统教学都是以“教”为中心，而不以学生的“学”为中心，课上老师滔滔不绝地讲，展示的是老师自己的才学，教学的技艺，对于知识生成的过程、对学生思维的训练和动手体验这些“学”的活动则是严重的忽略。所以，我们培养出来的学生缺少对知识的深刻理解，缺少在实际生活中对知识的灵活运用，因此我们的学生往往高分低能。为什么不能放手，把老师的“教”为中心转换成学生的“学”为中心？把课上关注老师的才学、教学技艺转换成关注学生的学会、会学？一句话，因为不相信学生，不敢放手学生。一旦放手就担心学生错误百出，这些永远被包裹在襁褓中的孩子，将来能成长为乔布斯一样的具有创新能力和创造精神的人吗？每位教师都应该向保罗一样在自己的工作台上划出一块属于孩子的区域，“欢迎与他一起使用他的工具，分享他的空间，收获创造的乐趣”。在全国科技大会上，胡锦涛同志提出的“到2020年实现我国进入创新型国家行列”的目标，真的是形势非常紧迫，任务十分艰巨。面对乔布斯的成长经历，面对我们现在的学校、家庭教育，面对胡总书记提出的2020年进入创新型国家行列的目标，还不应该相信孩子们，放手孩子们吗？

3. 严谨的工作作风和学习态度。可以说严谨也是一种美德，创新可以出现失败，但成功来不得半点马虎。保罗传授给儿子的，不仅是他对机械产品的痴迷，还有他对工艺的完美追求。他常常对儿子说，“制造一件东西的时候，要做好它的每一个部件，然后细致、用心地将它们组合在一起，即使这个部件是安装在别人看不到的地方，也不可应付了事”。很多人做事浅尝辄止，敷衍了事，缺少对事物的深刻体验，这样能在某一领域有着深刻的研究和独到的认识吗？科学创新是需要严谨务实的，任何一个微小的差错都可能造成不可意想的损失，这样的例子在古今中外的历史上比比皆是。所以在孩子的教育上应该多学学保罗，不仅言传更重身教，正是因为“有他对工艺的完美追求”才有了以后对“苹果”的追求完美。这种精益求精、追求完美的教育不仅仅要体现在课堂的习题训练上，更应该落实到具体的实践应用中。

中国呼唤乔布斯，但首先应该有产生乔布斯的土壤。

中外教育专家不同评价的启示

某校。上课铃声在校园里响起。铃声止息，所有的走廊都静悄悄。这是一所很好的学校。这是学校里一个很好的班，学生们已坐得整整齐齐。

今天，英美教育专家要来这个班听课。他们已经来了，他们听到自己的皮鞋在教学楼宽敞的长廊里发出清晰的声响。陪同前来的还有中方教育部门的领导。大家坐定，教课的老师走进来了。

同学们起立后坐下，老师侧立于黑板前。他的目光没有去巡视全班同学，而是望向窗外。老师的头上已有不少白发，黑板衬出他侧立的剪影。这时，你发现，当学生连窃窃私语都没有时，教室里也并非完全安静。

你还能听到翻动书包的声音，一支笔从谁的手上放到桌面……老师仍然侧立，望着窗外，好像在酝酿什么。就这片刻，你听到，静了，更静了，一切声音都没有了，世界静到连听课的外国专家也仿佛不存在了。

这时，老师转过身来从容说道："现在开始上课。"

老师语言精练，没有废话。老师教态从容，板书时大家听到粉笔在黑板上行走的声音。板书非常漂亮，极有条理。老师提问，学生回答踊跃，而且答得相当有水平。

老师间或又在黑板上写出若干字。黑板上的字渐渐丰满起来，那字大小不一。有些字，老师大笔一挥画上一个圈，或一个框，或一个大三角，看起来错落有致，像一个框架图。

整堂课，黑板一下没擦，板书没有多余的字，写上去的就是重点，就是学生该抄到笔记本上去的。老师继续提问，学生解答仍然踊跃，仍然不乏精彩。

整个教学过程非常流畅。最后老师说："今天要讲的就讲完了，同学们回去做一做课本上的习题，巩固一下。"

铃声响了。下课。整堂课无懈可击。这是一位特级教师，他露出了笑容。同学们都很高兴。陪同外国专家听课的中方教育部门的领导也很高兴。外国专家听了却说不出话来。

"或许他们也很惊叹？等到了会议室再听他们的意见吧！"中方人员想。到了会议室，虚心地请外国同行提意见。

外国同行说话了，他们说，不理解。

中方同行问，为什么不理解？

他们说，学生都答得很好，看起来学生们都会了，为什么还要上这堂课？

这个问题，把中国同行都问住了。

这问题反映的就是当今欧美教育和中国教育的区别。欧美教育界认为，当老师讲得非常完整、完美、无懈可击时，就把学生探索的过程取代了，而取代了探索的过程，就无异于取消了学习能力的获得。

所以，外国同行说，他们想看中国学生在课堂上是怎么学的，但他们只见老师不见学生，因而认为这不是一堂真正的课，而像是一堂表演课——学生在看老师表演。

可是，教学、教学，在课堂上的四十五分钟，难道不是老师该教得精彩、精辟吗？学生除了课堂听讲和踊跃回答问题，课外不是还有许多时间去练习和温习吗？

这不仅是中国教师的理念，中国家长也都希望孩子能上个好学校，能遇到好老师，不就是看重老师教的水平吗？“孩子啊！你上课别说话，别做小动作，你得好好听！不好好听，你怎么能学会呢？”所有的家长都这样说。

可是西方教育却认为，学生上课就是要说话，要动手，要又说又动，说做并用。这是截然不同的两种方式。到底哪一种好？

不要问上述教师是谁，不要问上述那堂课发生在哪里，从都市到乡村，虽然许多教师还达不到这位特级教师的水平，但此种教育方式在中国无数课堂里反复呈现。

请问我们究竟该怎样上课？

在新课改的理念下，每位教师的眼光只有把传统教学中对自身“教”的关注彻底转向对学生“学”的关注，才是真正的教学，否则只能是老师课堂上的自我表演。

中美《灰姑娘》教学比较及其他

美国版：

上课铃响了，孩子们跑进教室，这节课老师要讲的是《灰姑娘》的故事。

老师先请一个孩子上台给同学讲一讲这个故事。孩子很快讲完了，老师对他表示了感谢，然后开始向全班提问。

老师：你们喜欢故事里面的哪一个？不喜欢哪一个？为什么？

学生：喜欢辛德瑞拉（灰姑娘），还有王子，不喜欢她的后妈和后妈带来的姐姐。辛德瑞拉善良、可爱、漂亮。后妈和姐姐对辛德瑞拉不好。

老师：如果在午夜12点的时候，辛德瑞拉没有来得及跳上她的番瓜马车，你们想一想，可能会出现什么情况？

学生：辛德瑞拉会变成原来脏脏的样子，穿着破旧的衣服。哎呀，那就惨啦。

老师：所以，你们一定要做一个守时的人，不然就可能给自己带来麻烦。另外，你们看，你们每个人平时都打扮得漂漂亮亮的，千万不要突然邋里邋遢地出现在别人面前，不然你们的朋友要吓着了。女孩子们，你们更要注意，将来你们长大和男孩子约会，要是你不注意，被你的男朋友看到你很难看的样子，他们可能就吓昏了（老师做昏倒状）。

老师：好，下一个问题，如果你是辛德瑞拉的后妈，你会不会阻止辛德瑞拉去参加王子的舞会？你们一定要诚实哟！

（过了一会儿，有孩子举手回答）

学生：是的，如果我辛德瑞拉的后妈，我也会阻止她去参加王子的舞会。

老师：为什么？

学生：因为，因为我爱自己的女儿，我希望自己的女儿当上王后。

老师：是的，所以，我们看到的后妈好像都是不好的人，她们只是对别人不够好，可是她们对自己的孩子却很好，你们明白了吗？她们不是坏人，只是她们还不能够像爱自己的孩子一样去爱其他的孩子。

老师：孩子们，下一个问题，辛德瑞拉的后妈不让她去参加王子的舞会，甚至把门锁起来，她为什么能够去，而且成为舞会上最美丽的姑娘呢？

学生：因为有仙女帮助她，给她漂亮的衣服，还把番瓜变成马车，把狗和老鼠变成仆人。

老师：对，你们说得很好！想一想，如果辛德瑞拉没有得到仙女的帮助，她是不可能去参加舞会的，是不是？

学生：是的！

老师：如果狗、老鼠都不愿意帮助她，她可能在最后的时刻成功地跑回家吗？

学生：不会，那样她就可以成功地吓到王子了。（全班再次大笑）

老师：虽然辛德瑞拉有仙女帮助她，但是，光有仙女的帮助还不够。所以，孩子们，无论走到哪里，我们都是需要朋友的。我们的朋友不一定是仙女，但是，我们需要他们，我也希望你们有很多很多的朋友。下面，请你们想一想，如果辛德瑞拉因为后妈不愿意她参加舞会就放弃了机会，她可能成为王子的新娘吗？

学生：不会！那样的话，她就不会到舞会上，不会被王子遇到，认识和爱上她了。

老师：对极了！如果辛德瑞拉不想参加舞会，就是她的后妈没有阻止，甚至支持她去，也是没有用的，是谁决定她要去参加王子的舞会？

学生：她自己。

老师：所以，孩子们，就是辛德瑞拉没有妈妈爱她，她的后妈不爱她，这也不能够让她不爱自己。就是因为她爱自己，她才可能去寻找自己希望得到的东西。如果你们当中有人觉得没有人爱，或者像辛德瑞拉一样有一个不爱她的后妈，你们要怎么样？

学生：要爱自己！

老师：对，没有一个人可以阻止你爱自己，如果你觉得别人不够爱你，你要加倍地爱自己；如果别人没有给你机会，你应该加倍地给自己机会；如果你们真的爱自己，就会为自己找到自己需要的东西，没有人可以阻止辛德瑞拉参加王子的舞会，没有人可以阻止辛德瑞拉当上王后，除了她自己。对不对？

学生：是的！

老师：最后一个问题，这个故事有什么不合理的地方？

（过了好一会）学生：午夜12点以后所有的东西都要变回原样，可是，辛德瑞拉的水晶鞋没有变回去。

老师：天哪，你们太棒了！你们看，就是伟大的作家也有出错的时候，所以，出错不是什么可怕的事情。我担保，如果你们当中谁将来要当作家，一定比这个作家更棒！你们相信吗？

（孩子们欢呼雀跃）

此为美国一所普通小学的一堂阅读课。

中国版：

上课铃响，学生、老师进教室。

老师：今天上课，我们讲灰姑娘的故事。大家都预习了吗？

学生：这还要预习？老得掉渣了。

老师：灰姑娘？是格林童话还是安徒生童话？他的作者是谁？哪年出生？作者生平事迹如何？

学生：……书上不都写了吗？不会自己看啊？

老师：这故事的重大意义是什么？

学生：得，这肯定要考的了。

老师：好，开始讲课文。谁先给分个段，并说明一下这么分段的理由。

学生：前后各一段，中间一段，总分总……

老师：开始讲课了，大家认真听讲。

学生：已经开始好久了……

老师：说到这里，大家注意这句话。这句话是个比喻句，是明喻还是暗喻？作者为什么这么写？

（有人开始睡觉……）

老师：大家注意这个词，我如果换成另外一个词，为什么不如作者的好？

（又有一些人开始睡觉……）

老师：大家有没有注意到，这段话如果和那段话位置换一换，行不行？为什么？

学生：我又不是你，我怎么会注意到啊？

（又有人开始睡觉……）

老师：怎么这么多人睡觉！你们要知道，不好好上课就不能考好成绩，不能考好成绩就不能上大学，不能上大学就不能……你们要明白这些做人的道理。

关于这篇美国版与中国版的《灰姑娘》的教学案例比较，在互联网上一搜索，真的还不少，这也说明国人对中国传统教学方式与西方发达国家的教学方式不同的关注。东西两个大国，对同一文章的教学的方式孰优孰劣，不言自明。单就这一篇文章而言，似乎不会造成中外学生素质的差异，但是，推而广之，当一篇篇不同的教学内容的文章，以这样不同的教学方式，不同的培养目标教过来，天长日久，我们的学生能与西方发达国家的学生相抗衡吗？有识之士一再痛呼，中国学生高分低能，中国学生缺少发散性思维和创新能力，中国学生难以担当领导世界潮流的重任等等。产生这些结果的原因从这一篇童话的教学对比中可见一斑。

然而，面对如此残酷的现实，国人觉醒了吗？时至今日，仍然时常发现上小学一年级女儿的语文练习册上出现，诸如“这篇文章可以划分为几个段落？每个段落大意是什么？这段文字一共有几句话？这段文字说明了什么意思?”等等诸如此类表面化的问题。

我记得自己在上小学的时候，几乎每一篇文章老师都是这样讲授的，而且那时对学语文来说，最头疼的就是给文章划分段落。那时的老师都是乡村的稍稍有些文化的人，上完了小学或者初中就又回到学校任教小学或初中，教育理念谈不上，能教孩子们读书识字就可以了。时至今日，我仍然记得，那时的小学语文课本上有类似于民歌的诗歌类文章，文章是分成几个小节的，每一小节三五句话，老师让我们给文章划分段落，我总是认为一小节就是一个段落，要不为什么要分成不同的小节呢？但这种划分段落的结果往往是错，可能老师手里的教参上没有这样划分吧。几十年过去了，这样僵硬的教法竟然还没有改变。

传统教学中老师的权威地位也是非常突出的。因为姐姐们上学都比我早，在她们的熏陶下，我早就学会了查字典。当我开始上查字典这堂课时，老师教我们查一个字，先从查音序开始，当老师走到我身边时，我早就把这个字从字典中找到了，因为我是直接翻到这个字的。只记得老师当时非常的生气，很严厉地批评了我，可能是因为我看起来不认真听老师讲课吧，损害了老师的权威形象。

新的教学理念下，师生关系也正悄然发生着彻底的改变，在相当多的老师眼中“教学相长”，“尊重、理解、信任学生”等等先进的教学理念已经开始建立。所以，盼望着教学改革的春风吹得再猛些吧！

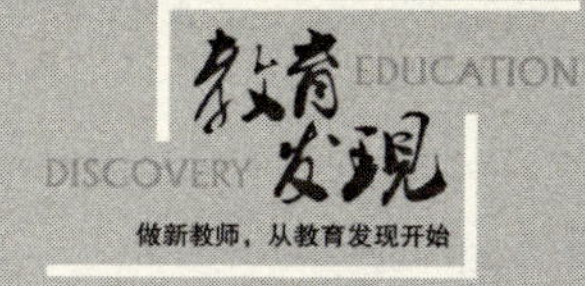

附 录

让课改理念落地生“花”

——陶继新、刘凤军对话录

陶继新：原山东教育报刊社总编辑、山东教育学会小学教育专业委员会山东基地理事长，山东省教育学会教育管理专业委员会副理事长。

刘凤军：河北省迁安市建昌营高级中学校长。

课改，教育的担当使然

刘凤军：在传统的教育教学中，教师职业的倦怠、学生课上的恹恹欲睡、缺少温度的校园，这些现象常常困扰着我。到底怎样才能改变师生的生命状态呢？我和学校领导班子成员有过很多的思考，但是作为一所农村学校最初的课改萌动并没有使我们找到更清晰的课改思路。

陶继新：尽管当时没有找到课改的清晰思路，可是，您与学校领导班子的心已经动了，有了心动，就会有行动。况且，不少事情，并不是一开始就能寻到路径的，有时是需要“摸着石头过河”的。想着“过河”与不想“过河”是不一样的，敢于“摸”与不敢于“摸”也是不一样的，因为正是在这个“摸”的过程中，才能找到课改的方向，寻到可行的路了。

刘凤军：是的。2010 年 10 月，我有幸参加了教育部组织的校长培训班，在学习班上，全国各地校长们的智慧给了我更多的启发和思考，更看到了我们在教育教学理念上与先进地区先进校的差距。同时各位专家理念上的引领，更使我感到，新课改必要性和重要性，它确实是基于“人”的培养和教育，基于国家、民族的前途和未来。所以，回到学校以后，我马上把那些新的思想、理念给班子成员讲，给全体教职工讲，让学校的每一位教职工接受并认同新课改的理念。同时，我们又开始积极探寻适合我们的课改路子。我带领班子成员到洋思中学、杜郎口中学等课改名校深入实地考察，在网上学习全国各地先进的课改思路和方法，边学习、边思考，在结合我们具体校情的基础上，逐步形成了最初的很幼稚的课改路子。

陶继新：进行课改，必然要提高对课改的理论认识，您的学习，则让您对课改有了学理层次上的认识。这是必需的，但仅有理念还是不够的，关键在于行动，关键在于实践。到洋思与杜郎口中学学习，未必能学到多少理论上的东西，可是，那里却有最鲜活的课改课堂，有已经被课改激活了的学生。正是在那里，你们看到了课改给学校特别是学生带来的革命性变化，也更加坚定了您课改的决心。在这个基础上，结合你们学校的实际，再进行课改探索的时候，就有了走向初步成功的可能。看来，一个校长有没有课堂改革的决心与行动，有的时候是会决定这所学校发展走向的。

刘凤军：是的，我们最初的课改行动真的是一种很感性的、很朴素的做法，但是，为了让我们的师生也能感到教书育人、感到学习生活的幸福和快乐，必须义无反顾地去改革，这应该是每一个有良知的校长、老师的责任。有些事情真的是不怕做不好，就怕不去做。所以，当我们感到这件事情对孩子们的生命成长很重要的时候，我们没有理由推卸。我们的课改走到今天这个地步，正像其他的事情发展一样，是由幼稚、成长到不断壮大的过程。我们现在的课堂教学模式定义为“三模九步”，它是在我们不断地摸索、不断地完善中形成的。在实施课堂教学改革上，最初学校提出了“讲讲练练、想想记记”教学模式，但这个模式本质上并没有彻底转变传统课堂的师与生、教与学的关系。随着自觉的课改意识不断强化，我们又提出了“自学、点拨、检测”三阶段教学模式。后来我们进一步学习、探究新课改理念倡导的“自主、合作、探究”学习方式，针对学校实际情况，在课改专家的引领和指导下，经过大胆改革，反复修正，全面推行了“三模九步”高效课堂新模式。从这个学期开始，我们又在“三模九步”的基础上提出了“三模九步·能本课堂”教学模式。

陶继新：“不怕做不好，就怕不去做”可谓一语中的。现在，不少学校的老师还是一直固守原有的教学方式，不进行课堂改革，其中的理由之一，就是担心改得不好了。其实，核心的问题并不在这里，而是从心里不认可课改，不管课改的风吹得多么强劲有力，他却“我自岿然不动”。可是，那些学生呢？还是品尝不到上课的快乐，即使老师讲得神采飞扬，学生也不可能成为课堂的主人。要改革，就要有打破，也要有重建。所以，有的时候是会痛苦的，有的时候还会有失败的；正是这种痛苦与失败，成了走向真正成功的奠基之作。

您是敢于进行课堂改革者，之所以如此，一是课改之后，学校教学的质量不会比当下低多少，所以，心无挂碍。更重要的是，您是心有学生，心有学校，您想让你们的学校尽快发展起来，想让学生成为课堂的主人。所以，几乎是义无反顾地进行了课堂教学的改革。开始的时候，你们并没有抵达理想的境界，可是，你们毕竟迈出了步子，而且是有了一定的进步。更加可贵的是，你们并没有满足，而是继续探索，不断推进。最后才形成了现在的“三模九步”教学模式。这个模式是成熟的。看来，只要大胆探索，只要心有学生，就能在课改路上收获一道又一道的风景。

课改，教育良知的使然

刘凤军：有人说这个世界上有两件事最难做，一是把别人的钱装进自己的口袋，二是把自己的思想装进别人的脑袋。我想课堂教学改革就是把自己的思想装进别人脑袋中的事情，一个字“难”！不然为什么真正实施课堂教学改革的学校并不是很多，这不仅仅是个改革技术的问题，更主要的是在于教育教学思想的改变。到现在为止，我们的课改进行了近两年了，在这个过程中，我们每位领导老师都感到了改革的艰辛，甚至受到嘲讽、谩骂。但我认为是值得的，因为我们在付出艰辛，遭遇阻力的同时，收获更多的是师生精神状态的改变，我看到了孩子们在课堂上时时绽放出的笑脸，看到了作为年轻生命那种奔放的激情，看到了他们身上体现出来的阳光和自信。尽管我们的孩子们没有很好的学习基础，但是他们在生命的成长过程中，不是被压抑的，是自由的、幸福的。面对着我们的孩子我感觉他们很可爱，我曾经给老师们讲，如果换一个角度看，每一个生命都很精彩，不必苛求每一个孩子学习成绩都很优秀，每一个孩子都能考上一所好的大学，关键他们是否能和谐、健康的成长，关键是我们在孩子们生命成长过程中给了他们什么。教育就应该为每一个孩子创造最大的发展空间，搭建最好的人生舞台，这是我们每一个校长、老师的责任。

陶继新：坚定走课改之路的学校之所以少，关键是有这个决心的校长少。有的是认识不到位，有的担心影响学生成绩，有的则心怀抵触。所以，不让校长变，学校的课改将是举步维艰。校长有课改的决心，也会有困难，关键就是您所说的“把自己的思想装进别人的脑袋难”。因为绝大多数老师已经教学好多年，有了一定的教学章法，有了固定的模式，甚至有的还是名师，表演起来还能让听者叹为观止。但只要校长下了决心，矢志不移，课改的思想就会一点一点地走进教师的大脑。在这方面，校长既要加快改革的步伐，同时又要有足够的耐心。做任何大的事情，都不可能一蹴而就；可是，只要一往无前地做下去，就会有一步一步地走向成功。当老师慢慢地从课改中尝到甜头的时候，校长的课改思想也就融化到了教师的血液里，也就有了“不令而行”的改革行动。

我一直认为，教师是应当有良知的入侵，整天看着孩子上课的时候厌倦痛苦，难道不为孩子难过吗？难道不想着让孩子活跃起来吗？而课改，恰恰是让学生激情喷发、快乐学习的有效途径。有了学生的快乐与幸福，教师也就自然有了快乐与幸福。从这个意义上来说，课改不但对学生有利，对老师也是有利啊！

课改能不能提高学生的学习成绩呢？从道理上说是没有任何问题的，你们的课改已经证明了这个问题。但是，课改却不能肯定地说一定可以提高学生的升学率。如您所说，孩子和谐与健康的成长，比起升学率来，更重要。这并不是说升学率不重要，而是说只是为了追求升学率而没有孩子和谐成长的时候，失会远远大于得的。一个不为孩子未来负责的教师，非但不是一个优秀的教师，也是一个在道义上有问题的教师。课改，不但要让学生的生命精彩起来，也是让教师的品格提升啊！

刘凤军：这让我想起您的《让幸福与经典同行》一书中一些内容，在书中您和空海师傅多次提到“迈向高等心灵”，我想，作为一名校长、一名教师更需要“迈向高等心灵”。因为我们肩负的是教书育人的责任，思想的修养、心灵的高等，不仅仅是一个“个体生命”的问题，更涉及我们面对的许许多多的孩子，因此我们必须学会担当。同时在您书中的 个小故事，也给了我很深的思考。小时候学习历史，便惊叹于埃及人在建造金字塔时伟大的创造力。数千年来，人们对奴隶创造的这一亘古奇迹深信不疑。但瑞士一个钟表匠从自身的体验中揭开了这蒙蔽千年的历史面纱。因为在自由的状态里，他可以将钟表制作的误差率降到零；但在监狱里不管如何努力，也不能将误差率降到10%。所以，他断言：金字塔建造者肯定不是失去自由的奴隶，而是一群虔诚的自由人。事实证明，这种推想是正确的。一个行动与心灵都不自由的人，不可能完成一项壮美的事业。因为这需要的不仅仅是技术，更包括心态，特别是审美观照。

面对课程改革，让老师们像建造金字塔的虔诚的自由人一样去建造心中课堂教学改革的金字塔，这一点非常的重要。当每一个人都能感受到我们新课堂的巨大的意义的时候，我想这时候的每一个师生都会从一名“被动的奴隶”变成“虔诚的自由人”，每个人都去努力付诸实践，能不建造成我们自己的“金字塔”吗？面对教育教学的低迷状况，是坐而待毙，还是起而承之，这真的决定于我们校长老师们的态度与品格。

陶继新：我有一个报告，题目是“高效教学的方略与品质”，其中一点就谈到心灵自由对课堂的巨大影响，甚至认为它是走向高效的必须要件之一。一个心灵不自由的学生，不管用什么样的方法，即使是比较理想的教学模式，也不可能让他走进高效的课堂之中。相反，如果有了心灵的自由，思维是开放的，创新之水就会源源不断地涌来，甚至有可能达到思维的巅峰状态，让灵感频频闪现。如果经常出现这样的情景，不但学习的效率高了，还会有高效益相伴而生。因为长期心灵的愉悦，会形成一种优质的心理品质；优质的心理品质，不但可以让学生走进高效的课堂之中，也可以让他们高效快乐地走进生活的各个领地。而你们的课堂教学改革，恰恰为学生提供了这样一方自由的园地。所以，即使你们学生的生源基础并不是太好，可是，他们在课堂上的表现却有了超越想象的活跃，也收获了相对理想的考试成绩。因为有了自由的心灵，有了活跃的课堂，考出好的成绩，自然是水到渠成了。

刘凤军：课改真的是一场思想的革命，是新思想对传统思想的彻底否定和替代。但是课改对有些老师来说很难接受，因为改革就要动摇老师们内心中根深蒂固的传统的教育教学信仰，在这个过程中，越是传统的名师、老教师感受的痛苦可能越深。我给您说一个我们课改过程中的例子吧。去年我们学校只有五名高级职称的教师，其中有一位化学教师，真的是接受不了我们的教学改革，不是抵触，是真的从内心深处接受不了，每天、每节课都是很痛苦的样子，想按照传统的教学方式去教，学校又不允许，最后在暑假中很坚决也很遗憾的主动调离了学校。这个老师本来是非常的稳重，非常负责任的人，但当他一旦在新课堂上再也找不到自己精神的支柱、发现不了自己的价值的时候，他不得不选择逃避。他本来凭着自己的学科知识功底有进城的机会，但是他放弃了，真的很遗憾。

陶继新：这位老师的逃避并非个案，在我采访的课改学校里，类似的老师“出逃”者还有不少。诚如您言，他们不是不负责任，甚至还是传统意义上的名师。为什么会出现这样的情况呢？因为他们在传统意义上的课堂上走得轻车熟路，得心应手，一旦课堂改了，他们原有的思路与方法，近乎一无所用。在他们看来，一讲到底，甚至感到所讲津津有味的教学方式尚不能教好学生，现在却让学生自己学，显然是不行的。从这个意义上说，他们的“出逃”，也有一份责任在，也有对教育的深深情结在。不过，我还发现一个现象，这样的优秀教师一旦真的进入到课改之中，且从中品尝到无穷的乐趣之后，他们也照样可以有着出类拔萃的表现。所以，对这样的老师，要多做工作，要有更多的期待，甚至要有更多的等待。其实，改革是谁也阻挡不住的，你今天不走进课改的大潮中，明天也必然会被席卷进去。走得越早，付出的代价就越少；走得越晚，付出的代价也就越大。

课改，本质在于“爱”

刘凤军：新课改的滔滔洪流是谁都不能阻挡的。课改不断深入的过程也是我们每一位师生思想品格不断提升的过程，因为在教与学的过程中我们要合作、探究，天长日久学生与学生之间自然而然学会了沟通，小组合作学习，你帮助我、我帮助你，他们也会在这个过程中逐渐体会到教会别人的辛苦，从而学会感激和感恩，可以说教与学的过程就是师生人格不断自我砥砺、互相完善的过程。其乐融融的教与学的氛围创建了，每一个人的心灵自由了，课堂不论什么模式都会是高效的。况且课堂模式毕竟只是一种模式，将来打破模式才是更好的创建，才能给每一位师生更多的心灵的自由和思维的解放。针对我们的课堂来说，我们的课堂教学模式，原来的“三模九步”关注的只是课堂的形式、课堂操作的流程，而现在的“三模九步·能本课堂”更多的是关注课堂的内涵，是对课堂教学的“神”的追求，是课堂知识立意向能力立意提升的一个重大转变。在这种转变中，我们更进一步解放了师生的手脚，让师生们体会到更多的幸福和快乐，从而达到我们所追求的名副其实的高效。

陶继新：一个人要想立足于社会，就要有合作精神；你不与别人合作，别人也不会与你合作，也就做不好或做不成事情。可是，一些学校的课堂上，并没有给学生提供这种合作的机会，久而久之，学生也就没有了合作意识，长大成人后，自然也就不会合作，不能合作了。你们的课堂教学改革，不但提高了教与学的效率，更让学生有了合作意识，学会了合作。这不但有利于当下的学生，更有利于学生未来的发展。

您所说的对“神”的追求，比起一般所说的遵循教学模式进行教学更为重要。真正高品质的教与学，需要模式，又要超越模式。而要想超越，要想“从心所欲，不逾矩”，就要在“神”上下功夫，即我们古人所说的在“道”上去追索。教与学中也有道，那就是乐教善教与乐学善学的生命规则。而且，道还有一个特点，那就是老子所说的：“道生一，一生二，二生三，三生万物。”看来，有了道，不但可以在课堂教学高效中体验其美好，在做任何事的时候，都可以乐而忘忧地抵达成功的彼岸。

刘凤军：“大象无形、大音希声”，模式的构建是基于我们这所农村学校教师专业化水平、学生学习基础和学习能力而言的，我们课堂教学的再提升就要实现体现学科特色的教学模式的构建，进而打破模式，这才是一个较高层次的教学境界，当然也是我的一个课改理想。其实只要我们全新的理念有了，不论什么时候都能做到课堂教学“从心所欲，不逾矩”。在新课改的理念下，我给老师们提的最多的就是尊重、理解、宽容、信任、欣赏学生，当我们老师们学会这样面对孩子的时候，孩子们的内心能不充满阳光吗？还至于整天生活在那种阴暗、自卑、狭隘甚至仇恨的心理枷锁中吗？所以说，课改确实是“从油锅里捞孩子”啊。我们的孩子在传统教育的桎梏下被压抑的太久了，当看到孩子们在成长过程中出现的各种各样的不尽如人意的时候，反思我们自身，反思我们给他们提供的成长条件、成长环境了吗？抛却个人的私利，把孩子装进心里，坚定、执着地走下去，每一个人都能做好课改。您所说的“道”很重要，我想我们触摸到“道”的最好的方法就应该是“爱”，关爱孩子现在，关心孩子的发展和未来。

陶继新：学生厌学以至辍学，不少是因为学习没有兴趣，特别是课堂死气沉沉造成的。有的老师也不是不爱学生，可是，某些认识上的错位，造成了爱者有爱，而被爱者体会不到爱，甚至认为是痛苦的。不是吗？您所说的课堂教学改革是“从油锅里捞孩子”是很有道理的。如果说一天听课难受还可以忍受，如果天天如此，月月如此，年年如此，则不可忍受，这样学生不但学不好，心理也会扭曲，以至出现恶性严重问题。这更多不是思想品德问题，而是心理上出了问题。而究其原因，课堂教学不阳光、不活跃则难辞其咎。因为学生更多的时间是在课堂上，长期的沉默与压抑，会让人精神垮掉，以至出现严重的精神障碍。所以，老师如果真爱学生，就要研究学生上课时的感受，就要让他们快乐起来，就要让他们成为课堂的主人。孔子说：“己所不欲，勿施于人。”哪个老师愿意天天听没有意思的讲话呢？休说一听好多年，就是听上一两天，也会大加抱怨。我们的学生没有抱怨，即使心有怨气，也不敢表现出来，这是多么伟大的孩子啊！所以，教师要站在学生立场上想事做事，自己不想做的事，也不要强加于孩子。教师有了推己及人之心，有了关爱孩子之举，再研究教育教学的艺术，不但教的时候会游刃有余，学生主动学的时候更是热火朝天。诚如是，就会自己快乐，学生也快乐，自己有收获，学生更有收获。在这种快乐的场中学习的孩子，学习的效率还能不高吗？还能不健康幸福地成长吗？

课改，分数不是唯一

刘凤军：在我们这个学校里，学生都是重点中学招生后的。这些学生在家长、老师那里早就被判定为“废材”了，很多家长把孩子送到我们这里就是为了让老师们看管着，免得到社会上惹是生非。有些孩子不夸张地说从上幼儿园那天起就没有被老师欣赏过，没有发现过自己的价值过。我在教学过程中遇到过很多这样的孩子，想想这些孩子真的可怜，他们毕竟同样都是有血有肉活生生的人啊！为什么我们只因为学习成绩不优秀就不去欣赏他们呢？

去年，在我所教的班级中，有一个学生，这个学生文化课成绩几乎是全年级倒数第一。但是，我们几位科任教师都很喜欢他，因为这个学生除了学习成绩差之外，其他方面都做得很不错。班里有脏活累活了他会抢着干，助人为乐的事他会抢着干，替老师做一些力所能及的工作他会抢着干，不论对老师还是对同学都很懂礼貌，整天一副笑嘻嘻的面孔，让谁都觉得可爱。假如我们站在传统的教育理念下，这个学生学习成绩这样差，而且差到了全年级倒数第一的位置，简直就是不可救药了。

“横看成岭侧成峰，远近高低各不同”，作为老师，我们评价学生切不可唯分数至上，更新我们的教育理念，换一个角度看问题，我们会发现每一个学生都是一道精美的风景。发现学生的优点，就是对学生最大的理解和尊重。

陶继新：这些学生之所以被家长、老师判定为“废材”，是因为他们用分数这个单一的尺子来衡量孩子。其实，这个孩子与那个孩子不一样，是各有所长，也各有所短的。如果只以分数来判定孩子优秀与否的话，您所说的那位同学肯定成了全校的“差生”了。他的品行之好，恰恰是一般同学所不具备的；如果用思想品德这一个尺子来衡量他的话，他又成了全校最好的学生。我们的古人在评定一个人的优劣的时候，多是将人品放在第一位的。在《尚书·秦誓》一章中就阐述了秦穆公的人才观，在他看来，人之所以成为“人才”，最最重要的不是“技”而是“心”。怎样的一颗心？平易宽广，有容人之量。唯有这样的人才是国家的栋梁。如果从这一个视角再来看看那名学生，他不就是一个未来国家的栋梁之材吗？现在，人们也说德育第一，可是，现实中，往往是智育第一，甚至智育成了唯一。如果秦穆公在世，不知他当做何评论？你们学校将那位同学作为人才，而且人人喜欢他，让他感受到了自己的人生价值。他也许考不上名牌大学，可是，他肯定可以成为一个对社会有用的人。从这个意义上说，你们让一个又一个的“废材”变成了人才，其功德之大，令人赞叹不已。

课改，各种因素的共同体

刘凤军：我对老师们一直提倡“做有理想的教育”。我们的理想就是把这所草根学校变得不草根，把这些草根的学生变得不草根。让每一个孩子在将来、在社会上都能书写出一个大大的“人”字，阳光自信、顶天立地。对孩子们来说，多一条评价就多一份成才的可能。所以，我们适时更新评价理念，多元化评价师生，努力发现每一位师生的优点，激发学生潜能，促进师生个性化发展。目的就是想让更多的孩子体验到成功的乐趣，增强学习的兴趣，树立人生的信心，获得前进的动力。让每一个学生都能成为合格的高中生、成为一个和谐而全面发展的现代公民。比如，我们规定在一学期中没有缺过勤，没有请过假，没有过迟到、早退现象的同学，就可以评定为“出全勤标兵”。在一个学期中，严格遵守学校的规章制度，没有违纪事件发生，为本班乃至全校学生做出表率的同学，就可以评定为“遵规守纪标兵”。通过多元化评价，每个学期都有几百人受到表彰，其中很多学生是第一次走上领奖台，体会到人被肯定的幸福。

陶继新：如果说在一般学校里需要实施多元评价的话，那么，在你们的学校就更加需要。因为你们的学生来源，多是城里中考的落榜生，是被一般家长与老师否定的。更重要的是，这在无形中也向这些学生投射了一个消极的心理暗示：他们不是优秀的，是不可造就的废材。你们不是这样认为，这些孩子在学习成绩上确实不如其他学生，可是，他们在其他方面有可能超过其他学生。如果用多把尺子来衡量他们，他们照样可以是人才，可以领取奖励。这些学生从小学到初中，几乎没有受到过表扬，也没有得过什么奖励，到了你们学校，一下子获得了这些荣誉，会让他们高兴不已的同时，重新审视自己，重新拾起自信。你们让他们拥有自信后，他们不但在其他方面会继续发展，在学习上也会不断地进步。当孩子有了前进的意愿，有了走向成功的自信时，走向优秀也就指日可待了。

刘凤军：教育是一个播种未来的事业，尽管我们是一所很草根的学校，但是我们在办学理念上，在对学生的培养方式上，并没有因为草根而自暴自弃，而是尽最大可能为孩子们提供新的教育。围绕课堂教学改革，我们也认真开设好社会实践活动课、研究性学习课以及师生的社团活动，目的就是让每一个孩子体验到在其他学校甚至一些重点中学都没有的经历。让学生在经历中切实得到锻炼，个性得到张扬，潜质得到挖掘，生命质量得到提升。学校各种活动的开展营造了朝气蓬勃的校园氛围，成为展示师生个性风采的一个重要舞台。我想课程改革绝对不是单一方面的，它应该是一个以课堂教学改革为核心的综合的、全面的教育理念、手段、方式的彻底转变。学生生命激情的绽放不仅仅是在课堂，还包括学校甚至家庭、社会的每一个时间和空间。

陶继新：开设好社会实践活动课、研究性学习课以及师生的社团活动，可以丰富学生的生活，也可以提高他们各方面的研究能力。学生本不应是只在课堂上的学习者，而应当拥有一个更大的学习空间。孔子曾经带领学生周游列国十四年，几乎都在社会实践中教学的。所以，他由此也成了一个真正意义上的大教育家，他的不少学生也成了真正意义上的人才。课堂教学是重要的，可是，如果没有其他课程的支撑，没有丰富多彩的学生活动，学生的综合能力是很难得到实现的。开设这些课程与开展这些活动，自然会占用一些课堂学习或自习的时间，可是，他们在这里是特别快乐的，也从不同的活动中，实现了其人生的价值，感受到学校生活的美好。这种感觉，还会不断地延伸到其他方面，当然也包括正常的课堂学习。而正向能量的输入，会让学生在课堂上出现超越既往的精彩。从这个意义上来说，这并没有影响到学生的学习成绩，相反，大凡在这方面表现比较突出的学生，在学习上多有呈示“更上一层楼”的奇观。

刘凤军：是的，尽管我们让孩子们多“玩”了一些，但是他们在“玩”的过程中，“玩”出了方法、能力、智慧以及人生的自信。看着孩子们的健康成长，我是幸福的，满足的。

就课改来说，一位专家说过：“成在教师，败在校长”，由此，我更是惶惶不可终日，唯有勤奋、思考，行动，不断砥砺、不断自新，才有可能保持我们良好的课改局面，才有可能探索出适合我们这样草根学校的发展思路。

陶继新：“成在教师，败在校长”说得何其好啊！上次去采访您的时候，我就感到，您有“如临深渊，如履薄冰”的惶恐感，也有“舍我其谁”的责任感。正是这种惶恐与责任，让您一直心系学校与师生。教师成功了，学校也就发展了，学生也就成长了，作为校长，您也就幸福了。

一所农村普通高中的课堂改革探索

回顾已走过的课改之路，建昌营高中也像许许多多的课改学校一样经历了一个由萌芽到发展再到逐步成熟的过程。但幸运的是我们以全力以赴痴迷课改的热情和不怕失败敢于尝试的精神，大大缩短了在课改道路上得见曙光的时间，并取得了让许多学校赞叹，让领导专家认可的成绩。

“讲讲练练、想想记记”的朴素的课堂教学模式

作为一所普通农村高中，招收的学生只能是当地重点中学招生之后的最末流学生，每年新生录取的分数只有200多分，学生综合素质普遍较低。在师资方面，经过当地近些年大浪淘沙般的进城招考，教师的整体素质越来越差，教师的平均年龄越来越低，绝大部分教师年龄还不到30岁。面对教师整体专业化水平不高，学生综合素质普遍较低的现状，面对少慢差费仍然占据课堂，师生缺乏激情、缺少动力的现象，我们对办学理念、办学方向、办学目标、办学思路做客观的分析，冷静的思考。尤其是在课堂教学上，大胆尝试打破传统教育理念下的课堂教学模式，开始寻找适合自己的课堂教学之路。

为真正落实从以往的面向部分学生的选拔性英才教育逐渐转变为面

向全体学生的大众性成才教育的教育教学思路的转变，在教学上学校提出了以课本内容为基准，降低教学起点，夯实各科基础，稳扎稳打，确保实效的总体要求。为确保年轻教师能上出结构完整、有效果的课，学校提出了非常朴素的“讲讲练练、想想记记”的课堂教学模式，要求每种活动连续进行不超过 5 分钟，把每一节课 45 分钟分成几个小的环节。通过化整为零的方法，使课堂教学每个环节都能够始终引起学生的注意，让每一个知识点、每一个学习活动不断刺激学生的大脑，引起学生的注意。

虽然“讲讲练练、想想记记”的课堂教学模式取得了一定的成效，但本质上并没有彻底转变传统课堂的师与生、教与学的关系，还不能改变那种传统课堂下老师倾尽全力地教，学生恹恹欲睡地学的状态。

“自学、点拨、检测”三阶段教学模式

随着自觉的课改意识不断强化，我们认真研究、学习杜郎口中学和洋思中学的先进的课改经验，结合学校的实际情况又提出了“自学、点拨、检测”三阶段教学模式。

三阶段的教学模式是在“讲讲练练、想想记记”这一教学模式基础上的进一步改进，为便于老师们操作，针对不同的学科特点，提出了不同的要求。

1. 语文学科课堂教学

语文学科的课堂教学，根据学科特点，不必受“自学、点拨、检测”三阶段课堂教学模式的约束，教师在遵循“先学后教，当堂训练”的教学理念下，可以灵活多变，自由发挥，没有必要节节课都出现典型例题或精讲点拨环节。

2. 数学、物理学科的课堂教学

(1) 学生自学：在明确本节学习目标之后，教师指导学生阅读课本中的例题，限定看课本的时间，一般5—8分钟。

(2) 自学检测：如果课本例题难度较大，学生自己不能读懂，教师要把例题分解，基础知识、基本公式、基本定理、解题步骤等以填空的形式为学生搭建台阶，使知识步步深入，由浅入深，遵循学生的认知规律。自学检测习题中必须保证至少有一道题目与课本例题完全对应，其余题目可以在例题的基础上适度拔高，体现灵活性、发散性。

(3) 教师点拨：此阶段包含多种师生互动形式。教师提问，了解学生自学效果；安排学生板演，充分暴露学生存在的问题；动员学生互相纠错改错，创造机会调动学生参与的意识，充分发挥学生的潜能，体现“兵教兵”的过程，教师的“讲”要针对所有学生都不会的地方。

(4) 当堂检测：在下课之前必须保证10—15分钟的当堂训练时间，教学案中所设置的题目必须做到精选重组，题型多样化，严禁同一知识点的简单重复，要遵循由浅入深的原则。

(5) 特别提醒：关于学生分组讨论、合作探究的问题，应根据教学内容的实际情况而定，没有必要节节课都安排学生之间的讨论、探究。只有在课堂上全体学生都不会的情况下，教师才有必要安排学生之间的讨论，当然教师设置的问题不能难度过大，必须考虑学生的实际水平和能力。

3. 英语、化生、政史地学科的课堂教学

英语、化学、生物、政治、历史、地理6个学科的课堂教学模式要在遵循“自学、点拨、检测”三阶段课堂教学模式的基础上进行改进，在遵循“新课导入—明确学习目标—学生自学（基础知识）—自学检测

（根据学科需要）—教师点拨—当堂检测”的流程前提下，各显其能，自由发挥，充分体现学科特点和教师的教学风格。

“自学、点拨、检测”三阶段课堂教学模式的推广和使用，使师生逐渐体验到了工作学习的成功和快乐，但是随着对课堂教学改革研究的深入，该模式的弊端又逐渐暴露出来。比如，过于宽松的教学模式，让一些年轻的教师不能在总体模式的要求下结合本学科的特点合理安排自己的教学，造成不得不按部就班以传统的教学方式操作的现象。课堂上积极参与讨论、回答问题的同学仍然只是基础相对较好的少部分学生。而学校的办学目标恰恰是变针对少数学生的精英式教育为面向全体学生的大众式成才教育。大量的优生展示，虽然烘托出热烈的课堂氛围，但是这与学校的办学目标相矛盾。因此，学校在进一步诊断课堂的基础上，通过“走出去”、“请进来”，对课堂模式继续优化探索。经过几个月的实践，我们遵循新课改倡导的“自主、合作、探究”学习方式，针对学校实际情况，在课改专家的引领和指导下，经过大胆改革，反复修正，全面推行了“三模九步”高效课堂新模式。

“三模九步”高效课堂模式初创

在探索校本高效课堂模式的初级阶段，我们创建了“三模九步”的概念。“三模”是基于当时的校情、学情，依据高效课堂的理念，把整个课堂划分为基础应用、能力提升、当堂检测三个模块，这实质上是一个“自学—展示—反馈”的学习过程。在学生独学、对学和群学的基础上，老师要求各小组把学习的结果展示出来，再通过具体题目的检测，了解学生的学习效果。这一教学模式实质上是一个由低到高、由浅入深的学习过程，这样就保证了不同层次的学生在课上都能有不同的收获。

1. 基础应用

基础应用是对教材基本知识、基本技能的提炼和简单运用，把基础应用作为导学案编制的第一模块，就是为了使学生对本节学习内容有个大致了解和认识，促使其掌握学科知识中最基础、最本质的东西。提倡“应用”是为了避免学生在学习过程出现中过于肤浅、过于僵化的现象，是促使学生把学习变得深刻的一种手段。

2. 能力提升

能力提升部分是在基本知识理解和应用基础上学习的进一步深化。教师在编制导学案时要明确题目始终是能力考查的载体，题目的解答是“标”，学生发现问题、分析问题、解决问题的能力的提升以及生命获得滋养和智慧能够生成是“本”，课堂要以提升学生综合素质为最终目的。因此，不能把能力提升简单地理解为学生会做一两道难度较大的题目。

在此环节中要确保学生独学充分，对学、群学参与度高，效果好。要以口述、板演、辩论、表演等多种多样的形式进行学习成果的展示，展示时要重点展示学习的思维过程，展示困惑所在，展示知识的生成之处。教师有针对性地引导学生解决问题，帮助学生答疑解惑，提高课时学习目标的达成度，加强课堂教学的针对性。

3. 当堂检测

当堂检测是在前两个学习环节的基础上，通过一组题目的限时检测，让学生充分体会、自评本节课的学习效果，反思对学习目标的达成度，发现学习过程中的纰漏，为导学案中的“回顾反思”环节做准备。

初创阶段的“九步”，是把基础应用、能力提升、当堂检测三个模块，按照一堂课 60 分钟的时间进一步细化为九步操作流程，即：①明确目标；②基础运用；③成果展示；④巩固强化；⑤提升训练；⑥互动展示；⑦答疑点拨；⑧当堂检测；⑨回顾反思。

具体操作如下：

1. 明确目标（预设时间：1分钟）

每课时的导学案都要设置适宜的学习目标。所有的导学环节和课堂检测都必须和学习目标保持一致，为目标的达成服务。每一堂课学习的重点、难点都要根据课标要求、教材内容、学生实际水平来确定，并在学习本节内容之前，由教师用简洁准确的语言对学习目标进行解读，以引起学生的注意和重视，为后继学习做准备。

2. 基础运用（预设时间：4分钟）

此部分内容以独学为主，是针对本节学习目标的基础知识而言，在内容上可以包括字音、字形、作者简介及概念、定理、公式等。要求此部分的编写最好是以选择题、是非判断题、思考题等形式具体体现教材中的重点和基础，还可以是检测预习效果的基础知识简单运用，灵活性较强的题目。在题目的预设上要避免教材原有内容的简单重复、再现式填空。此环节教师要指导学生根据导学案中的提示说明进行独学。老师在基础运用题目的处理上不要太复杂，可以直接给答案或者抽查同学的答案，有问题、有争议的地方可通过对学、群学以及教师精讲点拨处理。

文科要加强课上的记忆环节，可以在基础训练部分加入基础知识的背诵和检查，可以通过对子互查、小组抢答等方式进行；根据教学实际需要，教师可以在导学案的能力提升部分单设一道关于记忆内容的考查题目，让小组成员进行展示，以此加强课上对重要知识点的记忆、巩固和强化。

理科（尤其是数学和物理），根据教学需要，可以将同一课时的教学内容利用自习课（45分钟）和展示课（60分钟）两节课来完成。要求教师整体把握，编制好同一课时的预习案和导学案，避免重复训练（预习案和导学案中不能出现同一题目）。预习案要以教材中的定义、定理、公式、概念、例题为主，同时要做好相关知识的链接（解决本节问题时需用到的以前的旧知识），让学生对第二天展示课的内容有大致了解，头脑中形成大致印象即可。预习课采用学生自学、对学、群学的方式进行，及时汇总各小组提出的问题（动员小组代表面向全班提出或板书在本组指定的展示区），组织班内小组间互相解答，学生不能解决的问题再由教师出面，精讲点拨，加以指导，针对性解决。教师精讲内容要以课本例题为主，不必补充过多的课外习题，避免"就题论题"，教师尽量少讲，但必须有总结归纳、引导提升环节。

3. 成果展示（预设时间：4分钟）

此环节目的就是让学生在基础知识的记忆和简单应用之后，展示独学结果。教师根据展示结果，安排其他小组成员进行点评、更正、补充，最后得出正确答案。展示课中"基础运用"答案呈现可以采用学生抢答形式（口述或板书）进行，让更多的学生参与课堂，体验成功，在整个过程中对表现好的个人和小组要给予掌声和加分。

4. 巩固强化（预设时间：1—2分钟）

学生根据各小组成员展示、教师点评更正后的答案，进一步理解或强化记忆，为自主学习，解决能力提升题目做好基础准备。

5. 提升训练（预设时间：10分钟）

导学案的能力提升部分，并非设置难度较大的题目，可以是课本例题的简单变形，其目的是帮助学生发散思维，拓展训练，更好地理解课本中的定理、定义、公式或概念，是对课本例题的深入分析和进一步挖掘，教师要帮助学生真正把对知识、规律、方法的理解提升为发现问题、分析问题、解决问题的能力。能力提升训练是在掌握基础知识之后，增强能力和思维训练，要求学生必须独立思考完成。如果难度偏大，教师担心大部分学生不能独立解决，也可以在能力提升题目下方简要提示解题思路、步骤或方法。此环节的题目设置要符合学生实际，有一定的梯度和深广度，要接近学生的最近发展区。

学生自学期间，教师要在各小组间巡视，针对学习过程中出现的各种问题进行及时引导。教师的课堂教学要始终围绕“两个中心”：第一，“以有问题的学生为中心”，时刻关注和督促问题学生的学习过程，帮助他们矫正学习态度和学习习惯；第二，“以学生课堂生成的问题为中心”，关注和观察学生的表情神态，随时帮助他们解决存在的问题和困惑。要求学生在此环节积极思考导学案中的预设问题，也可以根据个人对自学知识的理解提出问题，并及时在对学、群学、互动展示过程中加以解决。提升训练通常设置 2—3 个有一定思维含量、探究价值的题目，要求学生在 10 分钟左右限时独立完成，教师做好巡视调研、了解学情的工作。

6. 互动展示（预设时间：25 分钟）

展示点评环节是“三模九步”高效课堂教学模式中最重要、最精彩的部分。精彩的展示可以体现学生生命成长过程中的一种昂扬向上的状态。展示可以暴露学生学习过程中存在问题，可以挑起学生个体与个体、小组与小组之间激烈的竞争，可以激发学生的学习热情，为每一个学生的学习创造提供无限的空间。

学生的讨论、展示和点评必须参照导学案中的展示方案预设要求，展示内容必须是学生深入探究的问题，无论是组内小展示还是班内大展示都要明确展示是发表、是暴露、是创造、是提升，要突出三大原则：

问题性、互动性、创生性。展示内容应是组内或全班带有共性的问题、易错的问题，此谓问题性；引导学生重点展示自己独特的思考、发现的一些规律等，此谓创生性。课堂要展示的既有学生对学习目标中重点内容的解读，也有学生学习过程中新的发现和感悟，还应有本组学生不能解决的疑惑，更提倡就某一问题的独到见解和认识。教师在此环节要深入各学习小组，了解各组群学氛围，调查学情，做好小组展示方案和点评方法的指导工作。

此外，导学案的编制、小组的评价机制也是互动展示环节成败的关键因素。各学科教师编制的导学案要规范，具有可操作性，一般在充分把握学情的基础上编制三道题目，但是题目的选用绝不是简单地找来三道难度较大的题目就可以，而是要体现出题目设置的生活化、情感化、思维化。为了让学生在生活中体验，在体验中使个体生命得以不断健康成长，导学案中的训练题目要求体现生活中的元素，体现现实生活中的情境。

老师把学生需要掌握的内容与生活现象结合起来，更容易激发学生的学习兴趣，达到对所学知识的灵活运用。情感化是为了利于学生的情感世界在一种自由、和谐的氛围中不断陶冶与美化，从题目的选择上要彻底摒弃传统课堂上的那种虚情假意，让学生确实感到高效课堂就是一个充满人性的课堂。思维化，是应该有利于对学生思维的培养和训练，通过具体的训练题目体现出对学生思维的挖掘。

点评作为本环节的重要组成，其本质仍然是展示。点评是学生思维最直接的交汇与碰撞，也是促进点评者与被点评者思辨与判断的契机，是使课堂内容深化和内化的重要步骤。点评形式提倡多样化，既可以采用以充实、深刻、针对性强为特点的一对一点评，也可以采用循环点评、一对多、多对一等多种点评形式。在点评环节上，学校提出点评的同学要侧身面对展示小组的内容进行点评，不能用身体挡住黑板上的内容，造成点评不看对象，自说自唱的现象。声音要洪亮，口齿清楚，姿态自然大方，充满信心。可以用彩色粉笔进行点评勾画，以便更好地引起同学们的注意。

每一个能力提升题展示、点评结束后，教师都应该有一个总结和提升，点出这类题的关键点及处理这类题的方法和学生的易混易错点。

7. 答疑点拨（预设时间：5 分钟）

此环节是指学生与学生之间、教师与学生之间的质疑、答疑、精讲和点拨的过程，即对知识结构、解题思路、方法步骤、规律技巧、答题注意事项的整理归纳。目的在于培养学生思维的发散性，锻炼学生思维的灵活性，增强学生思维的敏捷性，提升学生的语言表达能力。

教师要引导学生按知识点之间的内在联系归纳出知识线索，与其他章节知识联系紧密的，在归纳出本节知识结构的基础上要体现与其他章节知识的联系。同时还要有教师引导学生对学习方法进行归纳的要求，使学生能够“学一题，会一类；解一题，通一片”，达到举一反三，触类旁通的学习效果。针对学情，教师要在课堂的点拨指导上大做文章，高效课堂不等于不讲，教师的精讲点拨要体现知识的联系、方法的指导、规律的总结和学科思想的渗透，不要搞简单地订正习题答案式教学。

教师的答疑点拨穿插在各小组的互动展示过程中，通常是在一道题目的展示、点评和质疑之后，学生遇到困惑、疑难不能自己解决时，教师才出场介入，对学生出现的错误、误区、知识盲点等进行纠错、补充和强调，加深学生对该问题的进一步理解和掌握。

8. 当堂检测（预设时间：10 分钟）

要求学生在限定的时间内独立完成。当堂检测的题量要适度，难度要适中，以 10 分钟左右的题量为宜，具有针对性和典型性，既面向全体，又关注差异。个别学科可以分为必做题和选做题两部分，以保护学困生积极性，促进优生更好成长。

9．回顾反思（课下完成）

课堂学习中存在的问题和学生的感悟，是宝贵的学习资源。教师要认真指导好学生利用当天的课余时间整理、完善导学案中的相关内容，字迹要清楚工整，并及时填写“回顾反思”栏目，把本节课自己的疑惑点、成功感及时记录下来，作为学生弱项跟进的重要信息和教学效果的真实反馈。

为了更好地体现课堂的高效，我们还要求教师在课堂教学中做好“六个调控”：依据本校学生基础，控制难度，以中档或中档偏下题目为主；在学生进行独学、对学、群学的三个环节，强调教师控制场面，确保学生全员参与，全力以赴；在点评答疑阶段，教师要控制时间，合理安排，精心设计，能够收放自如；在学生展示提升、教师精讲点拨过程中，要控制内容，抓住基础，突出重点，适度联系，适当拓展，必须考虑学生的接受能力，无须面面俱到，包罗万象；当堂检测部分，要控制题量，把握质量，保证题目选择的典型性和针对性；针对学生实际水平，导学案的设计要控制容量，本着进度服从质量的原则，不追求大题量、知识点高频再现，重点培养学生学习习惯、思维能力和表达能力。当然，为实现课堂的真正高效，教师还要充分利用导学案引导学生主动学习，充分利用课堂每一步教学流程去调动学生积极参与，把课堂变成“知识的超市”，让学生各取所需，把教室变成“生命的狂欢”，让学生在获得知识的同时享受幸福和快乐。

“三模九步”教学模式的完善与提升

尽管我们在高效课堂的建设上取得了一定的成绩，但是面对新课改的要求仍然有很多很多的困惑。首先全体教职工的课改理念问题。李炳亭先生讲过，课改不是改良而是一种革命，课改最大的困难不是教学模式的探索而是教师观念的彻底转变。传统的教育教学方式已经在很多教师的头脑中打下了深深的烙印，在这些老师看来，不符合传统的东西便不能登大雅之堂，不符合传统的东西都是旁门左道，他们以一种固执的态度维护他们心目中所谓的传统，或者像装在套子里的人一样，对新课改理念不闻不问，你走你的阳关道，我走我的独木桥。因此，学校要进一步发展，老师们的观念是否彻底转变，成了新课改发展的关键。其次，随着时间的推移，老师、学生对学校提出的“三模九步”课堂教学模式和具体操作流程已经耳熟能详，烂熟于心，这就自然而然地出现了所谓的审美疲劳现象，由课改初期的老师、学生热情高涨，逐渐显出了平淡无声的局面。高效课堂应该是充满激情、充满活力，自由奔放的课堂，而这种审美疲劳的出现，恰恰背离了课改的初衷，因此，对我们的课堂教学模式进行认真的分析诊断，并采取必要的改进措施，让课堂永葆温度，就成了我们课改道路上一个亟待解决的问题。

“三模九步”课堂教学模式是根据新的课改理念，借鉴全国课改先进校的经验，结合具体学情探索出来的具有明显校本特色的一种教学模式。但是随着课改的深入和对课改理念的不断领会深化，发现在具体的课堂操作中，“三模九步”教学模式暴露出来的弊端越来越明显，其中有模式本身存在的问题，也有师生在习以为常的操作中淡化了模式重要意义的问题，因此，当初期探索的模式不再对课堂教学具有理想的效用的时候，就应该考虑适时而变了。

“变”要突出以下几点原则。

1. 进一步充分体现自主、合作、探究的学习理念，把独学、对学、群学的学习方式落到实处。任何一种学习方式都不能只是披着新课改理念的漂亮的外衣，并不是说学习方式转变了，学习效果就能立竿见影。要变到深处，变得有效果，否则殚精竭虑追求的高效课堂很可能就会变成了低效课堂甚至无效课堂。

2. 突出实效性。浮躁是课堂教学的大忌，不论是巡课还是观看老师们的示范课，或者自己上课，总有一种不深入、不解渴、没落实的感觉。有时按照既定的学习目标，反观一节课的效果，实在有一种让人后背出汗的感觉，因为学生并没有真正的学会，也就更谈不上会学、想学、乐学。

3. 在充分把握学情的基础上进一步研究学科教学的难度。面对现有教学模式的流程，老师们基本上都已经轻车熟路了，但是效果为什么不理想，很大原因在于导学案的难度大，已经超出了学生的实际水平，所以，即使在课堂上老师帮助学生完成了导学案上的任务，但收获最大的不是学生而是老师，因为老师最起码得到了心理安慰。但是反问一下，我们的教学到底应该在关注学生的“学”还是关注自己的“教”?

基于以上的理解和认识，才有了进一步完善的“三模九步”高效课堂教学模式。

完善后的“三模”，依然是依据高效课堂的理念把整个课堂划分为三个模块，但有所调整：基础学习、能力提升、当堂检测。“九步”具体改进为：①明确目标；②自研自探；③成果交流；④巩固强化；⑤自我提升；⑥展示互动；⑦矫正补充；⑧当堂检测；⑨回顾反思。

图书在版编目（CIP）数据

课堂突围:一所农村中学的课改探索/刘凤军著.—济南:山东文艺出版社,2014.4

ISBN 978-7-5329-4459-0

Ⅰ.①课… Ⅱ.①刘… Ⅲ.①农村学校—中学—课堂教学—教学改革—研究 Ⅳ.①G632.421

中国版本图书馆 CIP 数据核字(2014)第 041434 号

课堂突围

——一所农村中学的课改探索

刘凤军　著

主管部门　山东出版传媒股份有限公司
出版发行　山东文艺出版社
社　　址　山东省济南市英雄山路 189 号
邮　　编　250002
网　　址　www.sdwypress.com

读者服务　0531-82098776(总编室)
　　　　　　0531-82098775(发行部)
电子邮箱　sdwy@sdpress.com.cn

印　　刷　山东临沂新华印刷物流集团
开　　本　710 毫米×1000 毫米　1/16
印　　张　20　插页/2
字　　数　228 千字
版　　次　2014 年 4 月第 1 版
印　　次　2014 年 4 月第 1 次印刷
书　　号　ISBN 978-7-5329-4459-0
定　　价　35.00 元

教育发现
EDUCATION DISCOVERY